社会动力论

（修订版）

Dynamics of Society
(Revised Edition)

梁渤涛◎著

SPM 南方传媒 | 广东经济出版社
·广州·

图书在版编目（CIP）数据

社会动力论／梁渤涛著．—修订版．—广州：广东经济出版社，2024.2
ISBN 978-7-5454-8812-8

Ⅰ．①社…　Ⅱ．①梁…　Ⅲ．①经济社会学—资源管理—研究
Ⅳ．①F069.9

中国国家版本馆 CIP 数据核字（2023）第 085393 号

责任编辑：毛一飞
责任校对：陈运苗
责任技编：陆俊帆
封面设计：吴东贤

社会动力论（修订版）
SHEHUI DONGLILUN（XIUDINGBAN）
出版发行：广东经济出版社（广州市水荫路 11 号 11～12 楼）
印　　刷：佛山市迎高彩印有限公司
（佛山市顺德区陈村镇广隆工业区兴业七路 9 号）

开　　本：787mm×1092mm　1/16　　**印　　张：**13.25
版　　次：2024 年 2 月第 1 版　　**印　　次：**2024 年 2 月第 1 次
书　　号：ISBN 978-7-5454-8812-8　　**字　　数：**200 千字
定　　价：77.00 元　　**印　　数：**900 册

发行电话：（020）87393830　　编辑邮箱：664703063@qq.com
广东经济出版社常年法律顾问：胡志海律师　　法务电话：（020）37603025

作者简介

梁渤涛，高级工程师，生于1958年。

1976—1978年下乡到河南省郑州市南曹农场，1977年考入北京钢铁学院（现北京科技大学），1982年2月获工学学士学位。1982—1985年分配在郑州铝厂（大型央企）工作，任助理工程师。1985年考入洛阳工学院（现河南科技大学）攻读研究生，1988年获工学硕士学位。1988—1993年留校任讲师从事科研教学工作。1993年调入深圳工作，从事新产品开发、企业管理工作。2006年依托自有知识产权投资创办企业，任职至总经理、董事长。拥有农业生产经历和在大型央企、大学、多类型私企工作的经历（如教学、管理、经营、投资、新产品开发）。

在国内多家科技杂志、社会报刊上发表过多篇科技论文、社会经济类文章；拥有多项国家发明专利和外国发明专利，并与多家大中型企业进行知识产权授权和新产品开发的合作；参与过多起最高至最高人民法院知识产权法庭开庭审理、判决的知识产权案件的维权过程。

再版之序

自本人所著的《社会动力论》于2013年由深圳报业集团出版社出版发行以来，本人曾多次到大学校园，为大学生开设有关本书内容的讲座，深受青年大学生的欢迎。本书出版至今已过10年，在这10年中，世界正经历百年未有之大变局，国际形势、国际关系、国家之间资源的流动、我国各方面的发展都发生了巨大的变化，本人通过观察、思考和对个人实践经历进行归纳、总结、验证，丰富了本书内容，更加明确了本书所涉及的科学逻辑关系、哲学关系，故在此次修订再版中，着重在以下方面增加了论述：①多样性作为一种自然、社会和文化的特质，其存在、发扬的基础，以及推动社会发展进步的功效；②在人们的社会行为中，利益与危害的平衡点的形成与建立的条件、过程和影响因素；③美元的循环与世界范围的资源流动；④苏东坡儿时利用资源的实例分析，以及对培养孩童成为大才的启迪。此次修订再版还对书中的其他内容做了增补和细化。

大珠小珠落玉盘，希望本书能够帮助青年人认知社会的运作机理，掌握资源流动、创新和自我升级的密码，学达性天，经世致用。

本书定价77元，向1977年恢复全国高考致敬，向果断定板年内立即恢复高考，并开启和推动中国改革开放大业的邓小平同志致敬。

梁渤涛

2024年1月于深圳

目录

CONTENTS

第1章

概　论

我们生活的地球自然界包含自然物质世界和建立在其之上并依托其作为资源的自然生命世界。

自然物质世界中的物体，有其固有的本质特性，如物体的质量、惯性、硬度、强度等；有其现时存在的状态，如形状、运动状态、变化过程的状态等；有改变物体存在状态的动因，如物体之间的作用力、自然环境条件等；还有在特定的边界条件下，以上诸因素之间相互作用，从而改变物体存在状态的逻辑、因果关系。如牛顿力学方程：

$$a = F \cdot \frac{1}{m}$$

a——物体的加速度，物体运动状态的改变量；

m——物体的质量，物体自有的特性；

F——作用在物体上的外力，促成物体运动状态改变的因素。

在广义的物质系统中存在着：$Y_i(s) = F(s)X(s)$。

“可以把这个方程看作一个运算子方程：$X(s)$ 受到运算子 $F(s)$ 的作用之后就变成 $Y_i(s)$，或者说，$F(s)$ 把 $X(s)$ 转变为 $Y_i(s)$。因此我们就把函数 $F(s)$ 称为系统的传递函数。$x(t)$ 和它的拉氏变换 $X(s)$ 都称为系统的输入，$y_i(t)$ 和它的拉氏变换 $Y_i(s)$ 都称为系统的输出。”① 即系统状态的改变和结果的获得过程，存在着输入、输出和传递函数之间的因果、逻辑关系。“一般来说，如果一个系统是由 n 个个别的部件串联组成，并且假设这些部件的传递函数是 $F_1(s)$，$F_2(s)$，…，$F_r(s)$，…，$F_n(s)$，而放大分别是 K_1，K_2，…，K_r，…，K_n，那么，整个系统的传递函数 $F(s)$ 就是：$F(s) = F_1(s)F_2(s)\cdots F_r(s)\cdots F_n(s)$。整个系统的放大 K 就是：$K = K_1K_2\cdots K_r\cdots K_n$。”② 在传递函数 $F(s)$ 中，

① 钱学森：《工程控制论》，上海交通大学出版社，2007。

② 同上。

包含有对系统运行过程及其结果的转变、放大、阻尼和损耗。

在地球上，建立在自然物质世界之上的自然生命世界中，目前最高级的是人类社会世界。作为人类社会组成的单体——人，有其固有的本性——人的三个本性（懒惰、有欲望、不讲道理），有其生存的状态——人的“三自”（自然、自主、自由）水平，有促使其生存状态得以维持或者改变的动因——资源Ⅰ、资源Ⅱ、效率。

在特定的社会边界条件下，以上与人有关的诸要素之间的相互作用和转换，也客观和必然地存在着相互之间的逻辑关系和因果关系，即本书将论述的人类社会动力方程，简称社会动力方程。在社会动力方程系统中，存在输入函数、传递函数、输出函数之间的结构构成和逻辑关系。

人类社会世界的状态改变的动力运动要比自然物质世界的动力运动复杂得多。在相同的边界条件下，河流总是以相同的方式流动。但在人类社会中，社会资源的流动除受自然环境的支撑、约束、引导外，还受人为的主动的引导，或者人为设置的一些现实的或者虚拟的边界条件的支撑和约束，即在人类社会中存在着人类社会的政治活动对社会资源流动的影响。

在相同受力角度、作用力量、阻力的条件下，两个球体即使重复碰撞n次，两球碰撞后运动的位置（结果）也是相同的，而且在没有新的外力作用下，其结果状态是恒定不变的。但是，人类社会中，在同样的边界条件下，如发生两次同样的事件，两次事件的结果也很有可能不同。因为人能够针对某一特定的需求，产生新的资源Ⅱ，以改变现有的边界条件，使事物运行的结果向着有利于自己“三自”水平的维持或提高的方向转变。

人们努力活动的结果最终要落实到每个参与者个体“三自”水平的维持或者改变上。在活动结果即社会动力方程的结果与参与其中的个体的“三自”水平的对接过程中，还存在着活动结果的数量在参与者之间的分配，以及所获分的结果数量与想要获得的“三自”

水平实现的对接过程，即个人所参与的社会动力方程运行的结果，并不是直接、线性地等于参与者“三自”水平的变化，会受到其他因素的影响，如受到社会边界条件包括政治文明程度的影响。

同属于地球的生命世界，相比动物世界，人类之所以能够快速地、不断地提高自己的生存状态——人的“三自”水平，根本原因在于，在社会动力方程运行的过程中，人类社会能够大量地、不断地产生以提高自身“三自”水平为目的的资源Ⅱ，以及人类社会所独有的、对大量产生资源Ⅱ有决定性作用的、不断积累的、不断发展的、不断丰富的、交流互鉴的文化。我国传统文化中的一些著名的哲学理念，与社会资源的客观存在及其运行规律、社会动力方程存在着逻辑的关联与诠释。

依据量子理论，宇宙中事物的发展变化过程，有可能选择每一个可能的路径，有可能获得每一个可能的结果。事物的发展和变化过程选择某个路径、获得某个结果的概率，取决于事物发展变化过程中起始点的状态、所处的边界条件和自然定律。在人类社会中，由于人们能够为了自己的生存和利益即“三自”水平，被动或者主动地改变事物运行和发展过程的边界条件，探索、认知、掌握、运用事物发展变化要遵循的自然定律，因此，在人类社会事物的运行和发展过程中，选择某个路径和获得某个结果的概率，存在着必然、或然、人然。

第2章

人的三个本性和人的“三自”水平

2.1 人的三个本性

如同宇宙中的物体具有质量（重量）、惯性、硬度和强度等固有的本性，作为自然存在、生活在人类社会中的人，也有固有的三个本性：懒惰、有欲望、不讲道理。

2.1.1 本性懒惰

人的本性懒惰，体现为：人在现有的边界条件允许或者尚可容忍的条件下，希望以消耗自身最少的资源、成本，获得现有生存状态的维持、稳定的倾向，即人具有希望以最少的消耗和变动来维持自身现有“三自”水平的愿望、要求和本性。

这种希望以付出最少的消耗来获得现有状态的维持和稳定的本性，地球上的生物皆有。

同样是生存在地球自然界，人类如果不能有效地处理自身的懒惰，就很难将自己从动物世界中区分出来。

在人类社会的进化和发展过程中，人们主动或者被动地克制、约束自身懒惰本性的措施有：

1. 强制（强迫）

(1) 文化强制

伴随人类社会进化和发展而不断发展、传承、演化的人类社会的文化和文化活动，通过教化、熏陶和潜移默化的方式和手段，在一些人中逐渐形成某些自我文化的驱动力和约束力，促使人自我产生需要强制性克服自我或者他人懒惰本性的理念、意识及行动，即不用扬鞭自奋起。

（2）边界条件（制度）强制

一些人为了自身的利益，通过投入资源，人为地设定一些必然涉及被强制人利益的制度和边界条件，促使被强制人为了自身利益不受损害而被动地，不得不克制、约束自身的懒惰。

在以上两方面，人类克制、约束自身懒惰的作为和成效明显优于动物。

2. 刺激

（1）差别

人的“三自”水平存在差别并有不同的显现，一些人可能主动或者被动地接受了这种差别产生的刺激，结合自身的欲望，为了获得更高的“三自”水平而努力克服、约束、摆脱自身的懒惰。

（2）竞争

在参与人类社会活动时，当涉及可能使自身利益受损、导致自身“三自”水平降低的竞争时，人们有可能主动或者被动地接受这种挑战，从而克服、约束自身的懒惰，努力提升自我的竞争能力。即造就一个伟大的英雄，需要一个伟大的对手。

人类社会在以上两方面的作为和成效明显优于动物界，并逐渐形成与这些社会活动相关的、系统化的文化和社会边界条件。

（3）投机

投机是有人发现了某些差别或者差别变化趋势的存在，利用人们及社会、市场的懒惰、迟钝和错误，通过投入资源，人为地展现、放大、扩大这些差别，直至这些差别放大、扩大的效果足以驱动社会资源的流动，从而达到主观上投机人希望获益、客观上引导社会资源合理流动的目的。投机活动的方向和趋势与自然和人类社会发展变化的趋势趋同，即与道相合，在恰当的边界条件下，投机人和投机活动才有可能具有较大的达到以上目的的概率。

在人类社会中，当他人的投机活动和结果涉及或者有可能涉及自身利益时，人们将不得不被动地克服、约束自身的懒惰以应对，或附和，或调整。

投机活动为人类社会所特有，正因为投机活动具有发现、利用趋势及发现、利用存在的差别和差错，促使人们克服自身懒惰和引导社会资源流动的作用，所以投机活动的存在也是人类社会能够快速进步的动因之一。在人类社会发展中，人们也在逐渐加深对投机活动的认知和认识，并为一些特定的投机活动提供场所和边界条件。

（4）奸劣行为

人们认为的奸劣行为是一些人以冲击现有的边界条件约束和利用现有约束的疏漏的方式来获取利益。当他人的奸劣行为，如奸商、顽劣行为损害到自身利益时，人们有时需要被动地约束、克服自身的懒惰以应对和补漏。这也是奸劣行为在社会发展过程中有存在的空间和促进社会完善、进步的一面，它的存在促使社会中的人或社会不得不连续地、被动地审视和完善自己和边界条件，以防范自身利益再次遭到损害。人类社会的历史表明，高压的、存在清规戒律和严刑峻法的社会，未必是人类“三自”水平提高较快的社会。

在应对奸劣行为方面，人类社会的作为和成效要优于动物界。

3. 极限应激

当人从事的活动发生危机、失败，造成的损失达到一定程度时，作为人生存极限的应激反应，能够激发人摆脱懒惰，以求应对和自保。人类社会中的文化和政治活动，会对一些特定现象、事件的应激反应发挥引导、放大的作用；在人类社会活动中，有时为了达到一定的激励目的，人们会在一定程度上容忍，甚至放纵危机、失败的存在和发展，直至其结果、效果达到一定的程度，以期达到激发转变的目的。

此方面人类社会的作为和成效远优于动物界。

人类社会的发展、积累和传承，使其拥有以上诸多克服、约束、摆脱自身懒惰的方法、边界条件，使得人类社会能够快速发展，人类拥有比动物高得多的“三自”水平。

2.1.2 本性有欲望

人因特定的、内在的个人因素，或者所处的特定的边界条件环境下，有渴望其“三自”水平获得维持，尤其有渴望获得更高“三自”水平的欲望和冲动。随着边界条件的变化和演变，接触的信息激发的意识觉醒，人的欲望要求的内容和水平也会随之变化和演变。

激活人的欲望的因素、边界条件有：

1. 自身的机理（生理）欲望的萌发

此种机理动物也有。人所具有的“三自”水平和所处的社会文化环境和边界条件，对人自身机理欲望的萌发和冲动，有影响和调节作用，在此方面人类社会的成效远优于动物界。

2. “三自”水平差别的激发

人们之间“三自”水平差别的存在和显现，在一定的条件下，有可能激发出人们提高自身“三自”水平的欲望和冲动。人们提高自身“三自”水平的欲望和冲动，是人们产生资源Ⅱ的原动力，也是人类社会能够快速发展的原动力。

人类认可“三自”水平差别的存在、实现意识觉醒并激发出改变差别的欲望的方式（路径）有：

①通过观察、体验、对比而认可、接受差别的存在，并在一定的边界条件下，激发获得更高“三自”水平的欲望。

人类在这方面所发展和运用的空间和手段远远超过动物。

②通过文化的传播和渲染而认可、接受差别的存在，并激发获得更高“三自”水平的欲望。

文化关于差别的传播和渲染包括记述、演义、想象、扩大、虚拟、超时空影响等。

通过文化激发人们的欲望为人类社会所特有，也是人类社会能够大量产生资源Ⅱ并得以快速发展的根源所在。

“读万卷书，行万里路”，以上两个路径正是人们实现意识觉醒主要的、有效的路径。

③人类社会的政治活动和引导，可以有目的地、有选择地展现某些现存的差别，描述这些差别改变后人们的利益的变化，从而激发人们通过参与政治活动或者顺应政治的引导而提高自己“三自”水平的欲望。

通过政治活动和引导而激发人们欲望的方式为人类社会所特有。政治活动所引导的方向与道相合，则能持久、有效地获得多数民众的响应，并推动人类政治文明的进步。

2.1.3 本性不讲道理

人的本性中有期望不受或者较少受到，甚至突破现有边界条件的约束，以更加便捷的途径、方式实现自身“三自”水平的维持或者提高的欲望和冲动。

人类社会为了生存和发展，必然要对人不讲道理的本性加以限制和约束。人类社会对人不讲道理的本性的限制和约束的方法有：

①文化的作用。通过文化的教化、熏陶、潜移默化的作用，使人对自身萌发的不讲道理，欲对现有边界条件的突破、冲击和冒犯的冲动，产生自我文化的约束力和抑制力。

这种通过文化作用产生的自我约束力和抑制力，有时对产生对社会有益的资源Ⅱ也会有抑制作用，即有时对社会的进步和发展也会产生阻碍、阻滞作用，因为资源Ⅱ会改变现有边界条件和提供新的边界条件。要弱化文化抑制力的这种阻碍、阻滞作用，关键在于文化要具有“三性”，即多样性、包容性和容错性。

通过文化抑制力约束本性为人类社会所特有，人类要做文明的社会人。

②设置、提供一些虚拟的边界条件及信息，使潜在的不讲道理者权衡利害关系后，产生自我行为的抑制力。

此类约束为人类社会所特有。

③设置一些边界条件如法律、制度、规则，并配属相应的资源，使得触及或者欲突破这些边界条件者的“三自”水平失大于得，即提高恶意失败的成本，并期望这些高成本得失的案例能够产生对可能的后继者的阻吓效应。

在这方面人类的发展和成效明显优于动物。

人类自身活动行为对其三个本性的行动选择排序为：懒惰、有欲望、不讲道理。不讲道理通常以自身本体之外的事物为作用对象。

人类和动物皆有以上三个本性，人类社会进化和发展的过程和成果，使人类逐渐发展和积累了应对、处置这三个本性的方法、资源和文化。人类社会的方法、资源和文化明显多于动物界，取得的成效自然也远远高于动物界，从而使得人类能从自然生物世界中脱颖而出，获得远远高于动物的“三自”水平，并占据着主宰的地位。

不同的社会边界条件环境，对人的三个本性的约束、释放的效果也不相同，所以，不同社会环境下的社会人的行为和行为准则是存在差别的。

在人类社会中，视人生为苦海者，皆因自身的三个本性不能够获得恰当的处置，即懒惰性被不断地强迫、欲望目标总不能达到、自我身心处境不断地被不讲道理的行为所袭扰。

2.2 人的“三自”水平

2.2.1 人的生存状态——“三自”水平

人在自然界中的生存状态水平，相对于动物、相对于同处于人类社会的其他人，存在着相对或者绝对水平的高低差别。人的生存状态水平，可以用其现时所具有的自然、自主、自由的水平（简称“三自”水平）的相对和绝对的水平高低来描述和评价。人类从事各种活动和努力的主要目的，就是使得个人或者人们的“三自”水平能够得以维持或者提高。

在人类社会中，人的“三自”水平的维持或提高，需要投入、利用一定的资源，在一定的边界条件下，依据一定的逻辑关系才能实现。

2.2.2 人的自然（绿色，大自然的基色）

人的自然，是人能够以自身的生理和心理处于适宜的、自然的状态，自然的感受，自然的过程，并得以自然地生存和延续。

人的自然包括：

①生理自然：人生理的、心理的过程和所涉及的、参与的社会活动，适宜于人体自身的自然生理过程的感觉和需求，适宜于自然生存延续的需求。更多资源的投入和科学技术的发展进步，会使得人更容易实现自己所期望的、更多的生理自然。

②心理自然：人能够适宜地体验到自然的和所经历的一些对自

身有益的、美好的心理过程，能够体验到自然的美，能够感受到爱，并体验到被爱的生理和心理的愉悦，能够自然地施爱于人，并体验到施爱于人所得到的生理和心理的愉悦。

③生理、心理综合的自然：人类社会中最典型和最重要的生理、心理综合的自然，是人们由情爱发展至性爱及形成结果的自然。

人们之间由情爱发展至性爱并获得相应的结果，是人类得以生存和发展最重要的基础，也是人类最重要的生理、心理自然综合发展的过程。这个生理、心理综合发展过程的自然，是指人们之间由情爱至性爱的发展、趋近的过程自然，进行和完成的过程以及形成的结果自然。

人们之间由情爱发展至性爱所需要的边界条件——活动所处的社会环境，即缘；为达到性爱需要从事的社会趋近活动——寻求、追求、获得的活动，即分。动物为了生存繁衍而进行的活动也有以上两个过程。人类社会文明的发展，使得人们由情爱发展至性爱还需要履行、完成相关的约定和契约，即规则。此过程为人类所特有，如图 2-1 所示。

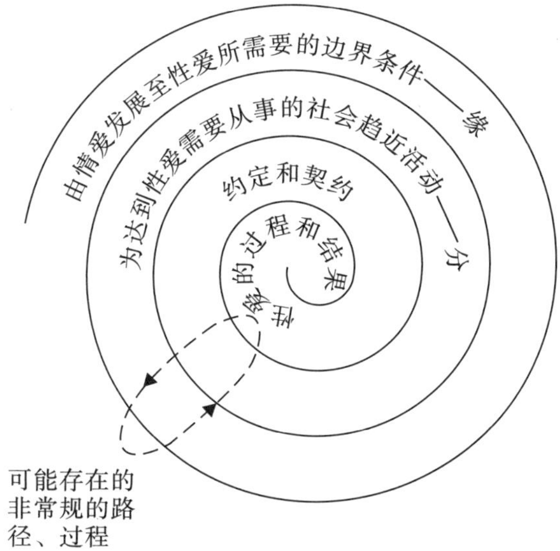

图 2-1　人类由情爱至性爱的发展、趋近

随着人类社会文明的进步和科学技术的发展，人类对于自身有关情爱和性爱的自然过程的认知逐渐地增进，保护、促进这些自然过程的知识、技术和相关文化也逐渐发展和丰富。这些知识、技术和相关文化的传播和普及，更有助于人类最重要的生理、心理综合的自然过程——情爱和性爱的过程及其结果的自然。人类在这方面的知识、技术和文化要比动物丰富得多。

人类最重要的生理、心理综合的自然过程，其中各参与方的角色、地位和作用越是自然，情爱和性爱的过程和结果亦越趋近自然。而过程、结果的自然或者追求过程和结果的自然，能够促使各参与方的角色、地位和作用趋于自然。在不同的社会发展水平和社会文化背景下，人们对于由情爱发展至性爱的自然过程的认知、相关文化的发展和知识的公开和普及、行为的约束和禁锢的边界条件也不尽相同。在人类社会的历史和现实中，存在着社会性禁锢程度与女人社会地位的X型相关曲线关系，如图2-2所示。

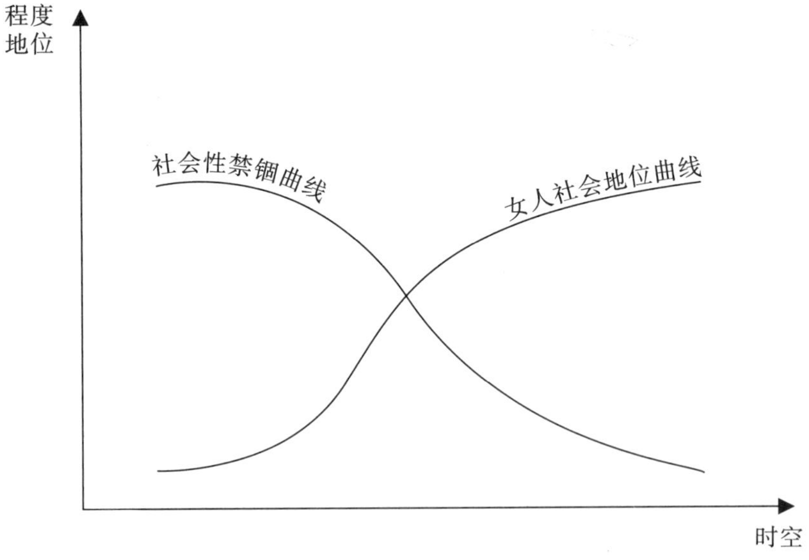

图2-2　社会性禁锢程度与女人社会地位的X型相关曲线

④自我提升自然：人以适宜于自身自然的生理和心理的处理过程、机理和方式，从事以提高自身“三自”水平为目的的学习、认识边界条件和逻辑关系的活动或从事能力提升的活动。

⑤成果自然：人以提高自身“三自”水平为目的，所从事活动的成果的获得过程和应用，能够使人自然、适宜；成果的获得和应用，能够使人的“三自”水平长久地、协调地，而不是顾此失彼地提高。

2.2.3 人的自主（黄色，太阳的颜色）

人的自主，是人依据维持、提高自身“三自”水平的需求和要求，有自主地做出所需要的选择的权利和能力。

这种权利和能力包括：

①支配为了维持、提高自身“三自”水平而需要的资源的权利和能力。家是最能体现人的自主的场所，回家的感觉真好，就是拥有熟悉的周围边界条件，有自主决定和实施行动的权利。同样，有主权的才能称为国家，即拥有自主支配本国的资源、处理本国事务的权力。

②做出行动的方向、方式的选择和执行行动的权利和能力。

2.2.4 人的自由（蓝色，大海之色、天空之色）

人的自由，是人依据维持、提高自身“三自”水平的需求和要求，自主地选择自由实施行动的时间和空间。主要表现为：

①有按照自我的意志和要求，实施行动的资源和能力及可用于实施的时间和空间。

②有为了维持、提高自身的“三自”水平而做出选择的空间。

③外界对自身实施选择行动的约束少、阻力小。

④自身内在因素对实施选择行动的约束少。

人的“三自”水平即自然、自主、自由水平各有高低，三者之间、三者水平之间有着关联和因果关系，同时，三者水平又有其独立性和独特性，存在着均衡或者畸形不均衡发展的可能。人对于“三自”水平的相对发展和需求，有时可能存在着不平衡的要求，有时为了某个水平的提高或者保持，而主动地、有目的地，或者被动地、不得不地抑制、限制其他水平的发展，接受、忍受其他水平暂时或长期处于低水平。

2.2.5 提高“三自”水平的动因

因为人具有三个本性，所以人并不是与生俱来、随时都渴望提高自身“三自”水平的。只有在一定的边界条件下，人感觉、认识到自己的“三自”水平存在着相对的或者绝对的差异，并对这种差异不满意，或者对影响自身“三自”水平的边界条件不满意，并且不愿再忍受这些不满意，或者是在周边的边界条件发生较大变化的情况下，才会做出努力、投入资源，去争取维持或者提高自己的“三自”水平。

提高“三自”水平的动因包括：

1. 迁移

自然界环境变化或者社会人文环境变化会严重影响人类自身的“三自”水平，使人不得不迁移；或者自我为寻求变化而引发迁移。因为迁移，人生活环境的边界条件发生了变化，必然使人的“三自”水平发生变化。有时，在人迁移的过程中或者人迁移的目的就是提高自身的“三自”水平。

迁移是前一过程的中断或终止、后一过程的开始。

在人类的社会活动中，过程中断包括：正进行的工作被中断或终止、休假、工作或岗位调动。这些过程中断，是因为边界条件可能发生了巨大的或者适度的变化，都有可能促使人有机会和时间接触到新的差别、新的边界条件，重新审视自己的“三自”水平和边界条件，从而产生拥有更高“三自”水平的期望或渴望。

2. **差别的存在和展示**

人通过对人群之间“三自”水平存在差别的认知、感知、量化和对比，可能导致对自身“三自”水平状态的不满意和对较高“三自”水平状态的向往，从而形成愿意通过自身的努力和资源的投入，以提高自身“三自”水平的动因。在人类社会中，人们之间存在的因“三自”水平差别而形成的驱动力，是人们提高自身“三自”水平最常见的动因。因此，在人类社会中，保持个体之间“三自”水平的差别，以及差别的可显现性和可改变性，是保持社会发展和进步活力的基础。

3. **科学技术的进步**

支持人类社会发展的科学技术的持续发展和进步，使得人类能够实现一些虽然渴望但却不能实现的“三自”水平，并在此基础上产生实现更高“三自”水平的要求和愿望。

4. **政治引导**

当社会中存在某种以提高众人或者被引导者和参与者的“三自”水平为诉求的政治活动时，被引导者接受政治的引导，并产生通过参与其中、顺着引导的方向和路径而获得政治活动的成果，以及以此成果实现提高自身“三自”水平的要求和渴望。

2.2.6 提高“三自”水平的方法、途径

1. 获得社会有效资源的控制权和使用能力

人的“三自”水平，是在特定的边界条件下，投入、使用一定数量的资源，依据一定的逻辑关系，通过一些社会活动来实现的。因此，获得社会有效资源的控制权和使用能力，就有了实现一定的“三自”水平的基础条件和保障条件。这种有效资源的控制权和使用能力包括：资源的支配权；能够产生并能够提供给为自己提供“三自”水平服务的人愿意接受的资源；为了实现“三自”水平的维持或者提高，提供所需边界条件的资源和能力。

2. 拥有可用来交换的通货

在人类社会生产和社会活动存在分工、生产成果可流通和可交换的市场环境下，拥有足够数量、别人愿意接收、可用来交换产品和服务的通货，能够为维持或者提高自身“三自”水平提供所需的资源和边界条件。社会上满足维持或提高人们“三自”水平需求的产品和服务越丰富，产品流通和交换的市场越发达，拥有通货数量的多少对于人们“三自”水平的高低就越起决定作用，由此，人类社会就有了“金钱万能”的概念。然而，用金钱购买存在着诸多限制条件，如：①是否有足够的、能够购买想要产品、服务的资金；②供应者是否愿意以你愿意、能够给出的价格售卖给你；③市场上是否有你真正想要的、需要的产品和服务。所以，有时金钱未必就是万能的，有诸多条件限制。

3. 应用技术成果

技术进步及其取得的成果，大大提高了人类提高自身“三自”

水平的能力，人类可通过新的技术、更高技术水平的生产成果，不断地提升自身“三自”水平的能力和空间。如人类社会生产力发展过程获得的以钢铁的大量使用为标志的材料技术平台、以各种动力机械的使用为标志的能量转换技术平台和以计算机和互联网的使用为标志的信息技术平台，这些技术平台的发展和推广应用，使得人类所能够拥有的“三自”水平实现了阶跃式的提高。人类的下一个技术平台，有可能是生存空间技术平台，包括太空技术、海洋技术、环境保护技术（可再生能源技术和碳中和、碳固化技术）。这些技术的发展和应用，能够使人类“三自”水平的提高再跨上一个新的、可持续的台阶。人类社会前期开发、发展的技术平台，为后发展的技术平台提供材料、技术、知识的支撑，每个新开发、发展的技术平台又能够使之前的技术平台更加有效、高效、可持续地发挥作用。

4. 参与政治活动

一些人通过对社会中的政治活动引导的认可和拥护，投身参与政治活动。当政治活动的目标逐渐实现时，则社会资源的流动分布、成果的分配和边界条件将发生一些变化，一些人因投身参与政治活动，将会从这些变化中获得收益，从而获得更多的资源、更多的成果分配，边界条件也获得改善，从而实现自身“三自”水平的提高。

2.2.7 奢侈与浪费

1. 奢侈

奢侈行为的特征和作用：

①奢侈行为是一些人消耗、使用较多（比常规多出许多）的资源，而享受到较高（比常规高出许多）的“三自”水平。

②在人类社会中，许多奢侈行为因其所体现和享受的较高的

“三自”水平，在许多情况下，起到了引导人类社会“三自”水平发展方向的作用。

③随着人类社会生产力的发展和进步，以及社会政治文明的进步，许多早期只有奢侈行为才能够获得的“三自”水平逐渐普及为人们的常规活动，普通支出即能享受的“三自”水平，有些甚至成为人们日常生活中的必需，即实现“旧时王谢堂前燕，飞入寻常百姓家”需要社会发展和进步。

④奢侈行为者通过投入较多的资源而享受到较高的“三自”水平，展示着人们之间“三自”水平的差别，同时也通过投入资源、承担一定的风险，尝试着社会中一些较新的发展成果带来的较新、较高的“三自”水平的体验。这些差别的展示和新体验的尝试，有可能对人类社会总体“三自”水平的提高有益，也是奢侈行为者对社会进步的推动和投入。

2. 浪费

浪费行为是人们消耗了资源，而未享受到相应的“三自”水平；或者消耗了较多的资源，而未享受、体验到明显提高的“三自”水平。

浪费行为对人类社会总体“三自”水平的发展和提高无益。

2.2.8 “三自”水平存在的意义

1. 产生目标感

对人与人之间“三自”水平存在差别的认知、感知，能够使一些人产生想干些什么的目标感。人要在社会活动中取得成功，不仅取决于知道自己能做什么，更取决于知道自己想做什么。一些人看似一切顺利，却终生碌碌无为；一些人看似波折不断，却能够忍辱负重、吾心自知、不懈努力、终成大器。当人们做自己想干的事情时，他们就会接受挑战，在做的过程中不断接收、学习新的知识，不断收集、积累、聚焦资源到要做的事情上，并在逐渐趋近目标的过程中，不断调整自己的目标，不断产生新的目标感，即形成不断创新的动力，之后努力的成效便会逐渐释放、兑现。

有做事的能力却不知道自己想做什么，最有可能的是成为追随者、模仿者，多是复制、改进别人的东西，不太可能成为杰出的创造者。

2. 认知美和美感

人对美的认知和对美的感觉，来自人们对“三自”水平的感受、想象和渴望。

3. 产生创新的原动力

人们通过对“三自”水平的了解、认知、认可，并且敢于去努力尝试提高“三自”水平的趋势、方向、方法，就有可能探索到需要创新之点并为之努力，由此形成创新的原动力。

2.3 个人行为活动与他人“三自”水平的关系

生活在人类社会中的个人，在人的行为活动可能涉及的范围内，当自己的行为、活动、资源的使用涉及其他人的“三自”水平和其他人欲改变自己“三自”水平的需求和要求时，自己的社会行为和活动与其他人的“三自”水平存在着如下关系：爱、商、善、平、劣、恶，如图 2-3 所示。

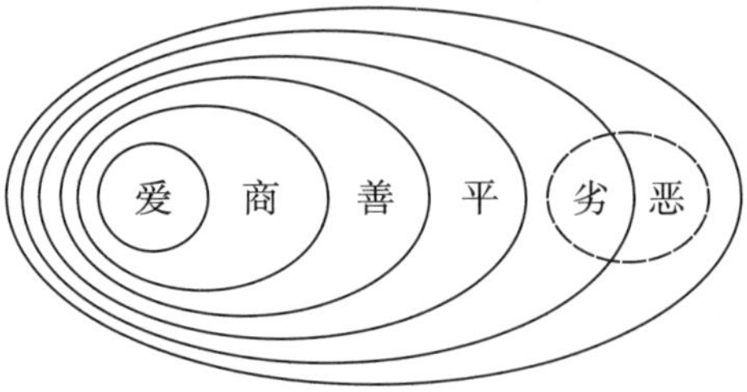

图 2-3　人的社会行为活动全态

爱：人类社会乃至动物存在、生存、延续的根基所在。

商：人类社会所特有的行为活动领域，是人类社会中能者为之的活动领域。

善：人们向往、希望的社会形态，社会更趋于自然、平和、和谐，无谓的资源消耗减少。

平：社会中多数人实际所处的活动形态，是向其他活动形态发展转化的基础。

劣：人的行为活动中对现有边界条件挑衅、挑战或突破的社会活动形态。

恶：人的行为活动中有目的地侵害他人“三自”水平的社会活动形态。

人的劣、恶行为活动形态，对于社会而言通常是社会资源的消耗量多于产出量的活动形态，社会通常都会设置相应的边界条件对社会通常认定的劣、恶行为活动给予限制和惩戒。

2.3.1　爱

爱的行为表现为：人们非常关注、理解、了解（有时未必是真正了解）所关爱人的“三自”水平状况和改变其“三自”水平的需求和要求，渴望所关爱人的“三自”水平能够获得提高，并愿意为了维持、提高所关爱人的“三自”水平，依托自身的资源，尽力而为（有时对自身而言是无限的）、尽其所能、不求回馈（免费）地提供资源供给、服务和支持。在爱的行为过程中，施爱者会有意或者无意地模糊、忽视一些边界条件的存在。爱情有如圆周率：自然，非理性，同时很重要。

爱与亲的差别：

爱——关系友好、亲密，一些边界条件模糊。

亲——关系友好、亲密，边界条件清晰，表现为亲兄弟明算账，没有永恒的朋友，只有永恒的利益。

爱是生命起源和物种生存、延续的源泉和根基所在。爱行为的实施是要付出资源和时空成本的，爱所付出的资源和时空成本至少是不在意短期的回馈，因此爱行为活动实施的时间、空间、方式、对象都是有限的。

人类社会中，家庭承担着生命生存和延续的主要责任，所以需要和产生爱最多的地方是家庭，组建家庭需要爱，维系家庭也需要爱，爱是家庭的基础，家庭又是社会的基础。

动物也有为了物种的生存和延续而施爱的本性和活动。人类和动物为了生存和延续而付出的爱的传递都是由长及幼的正向传递，人类社会所特有的孝行为活动，是爱的逆向传递。在一定的社会边界条件下，孝行为活动和文化的存在，能够激发出更多正向传递的爱，能够延长拓展人类爱、文化和资源传递的时间和空间，有利于人类社会的生存和发展。

2.3.2 商

1. 商行为

商的行为表现为：人们在意、关注、了解、理解（有时未必是真正理解）一些人改变“三自”水平的需求和要求，并愿意为了满足这些人改变“三自”水平的部分需求，投入资源，提供有限的供给和服务，同时向接受供给和服务的人收取有限的（无限的或相对无限的收费，叫趁火打劫）、双方都能够接受的费用作为商行为活动的回馈。商行为者利用这些回馈作为维持、提高自身“三自”水平的资源，并愿意使这种供给和服务活动继续或者扩大规模，以获得更多的回报、增厚自身的资源。在商行为活动的过程中，双方的边界条件是清晰的。

商行为活动为人类社会所特有。正是因为在人类社会中有商行为活动的存在，一些人出于提高自身“三自”水平的目的，愿意投入自己能够调动的资源、做出努力，为维持、提高他人的“三自”水平而提供一些有回报的产品和服务，从而促使人类享有的“三自”水平快速地、大范围地提高。

2. 商机

商行为活动得以发生、延续和发展的机会在于：

①商行为活动有可能增加、提升人们为实现自身“三自”水平的维持或者提高而需要的资源和能力。

②商行为活动有可能让人们通过付出资源（通货），使得自身的“三自”水平得以维持，或者获得、体验到更高的“三自”水平。

3. 成本与价格

当人们出于维持或者提高自身“三自”水平的目的，愿意付出一定数量的资源（通货）来购买供给者所提供的产品或者服务时，所付出的资源（通货）的数量，就是购买者为了自身“三自”水平能够得以维持或者提高而愿意或者不得不付出的成本；这个付出的资源（通货）的数量，同时也就形成了这个产品或服务针对特定的供给对象、在特定的时空边界条件下的价格。

人们愿意或者不得不承受的成本或者价格的高低，取决于产品和服务的供给针对的特定对象在其“三自”水平的维持或提高过程中的必要性程度因素。这些因素包括：

①产品和服务对需求者自身“三自”水平的维持或者提高的有效性。

②获取供给的必要性与迫切性。

③供给获取的可选择性（供给的垄断性）。

④供给的优先权的获得（供需不平衡时的价高者得）。

满足人们改变“三自”水平需求的产品和服务的价格，与需求者为了维持或提高自身“三自”水平而愿意支付或者不得不支付、能够承受的成本之间的动态平衡，决定着需求者能够维持或提高“三自”水平的时间和空间。

4. 商行为活动成功的要素

商行为活动的成功，即商行为活动过程获得了多于投入的回报并能够使得商行为活动继续或者扩大规模。商行为活动成功要同时满足以下三个条件：

①在意、关注、了解他人改变“三自”水平的需求和要求。

②有能力提供能够满足他人改变“三自”水平需求和要求的产品和服务。

③能够让产品和服务的需求者为了自身“三自”水平的维持或者提高，愿意付出自己的资源（通货）来购买所提供的产品和服务。

商行为活动中三个条件的相互交集区域，体现着商行为活动的效果形态，如图 2-4 所示。

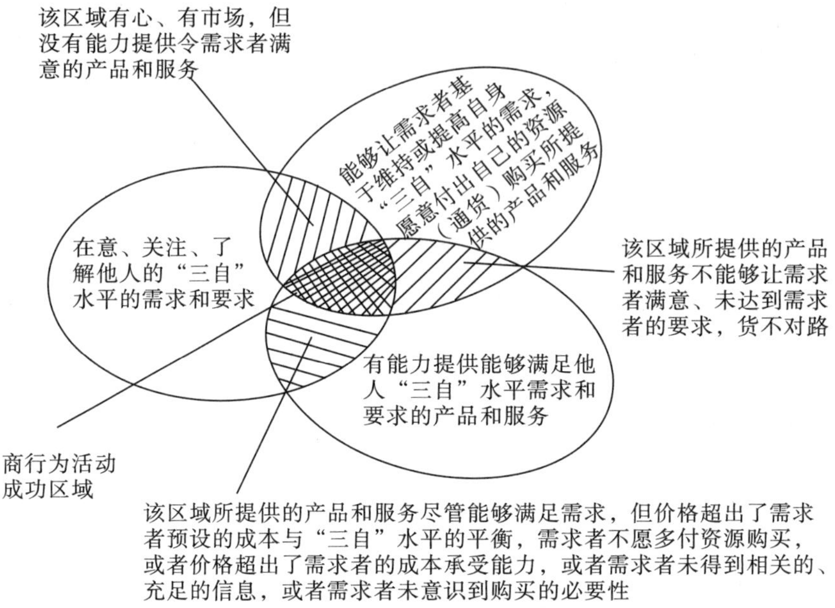

图 2-4　商行为活动的形态区域

成功的商业环境，是为尊重、重视并努力满足人们改变“三自”水平需求而提供边界条件环境，而不是设置边界条件，忽视、压抑人们改变“三自”水平的需求及努力。而人们改变“三自”水平的需求和满足其需求的商行为活动，均要合道、可持续。

5. 商行为活动的供给和价格形成的三个层次

①依据需求方现时的支付能力确定供给和价格，即供给方盯着买方的钱包。如看人下菜碟。

②依据需求方对满足自身需求的供给的渴望程度和获得的意愿确定供给和价格，即供给方盯着买方的眼睛。如果买方表现出产品让其眼前一亮，买方再想还价的主动权和余地就小了许多。

③供给方能够引导、激发需求方改变“三自”水平的需求，协助拓展需求方为了满足改变“三自”水平需求的支付能力，从而接

纳供给方所提供的产品和服务及其价格，即供给方盯着买方的未来。如卖什么，你就跟着选择使用什么；信用卡、按揭的使用等。

6. 商行为活动与人的三个本性的联系

（1）商行为活动与懒惰本性

商行为活动过程中涉及的获得收益的现实或预期、竞争、投机、挤压、奸商行为，都不断刺激着商行为活动的参与者和相关方去努力克服自身的懒惰，以图实现预期的收益，或者应对挑战以图避免、减少自身利益的损失。

（2）商行为活动与欲望本性

商行为活动过程中的产品和服务的供给者，源自需求者提高自身“三自”水平的欲望。针对需求者提高“三自”水平的需求和欲望，投入资源、付出努力，为需求者提供能够满足其需求和欲望的产品和服务而收取回报，并将回馈所得作为资源用于满足自身“三自”水平提高的欲望。

提高“三自”水平的欲望是推动商行为活动运行，乃至推动人类社会快速发展的原动力。

（3）商行为活动与不讲道理本性

商行为活动的目的是获得利益回报。为了获得更多、更快捷的利益回报，商行为活动中的参与者总有试图突破现有边界条件的约束、阻碍的冲动。同时，在商行为活动的过程中，参与各方还要防范他人不讲道理的行为对自身利益的侵害。

7. 爱与商的区别

爱与商的行为者，都关注别人的“三自”水平，并愿为所关注的人的“三自”水平的维持、提高做出努力。但爱与商有着本质的区别，这些区别在于：

（1）发生的场所和关系不同

爱的行为发生的场所和关系人，主要局限于家族成员；在一定的稳定期内，场所和关系人几乎不可能选择、改变。

商行为发生的场所主要是商业活动、工作的场所，关系人多为与供给和需求、付出和回报有关的人员；商行为活动涉及的场所和关系人，依据供给与需求、付出与回报的权衡，可随时做出选择和改变。

（2）行为的目的不同

爱的行为多出于本能或者在强大的文化环境和背景下，乐而为之，付出几乎不是为了回报。

商行为所提供的产品和服务、从事的工作具有明确的利己目的，就是为了收取有增益的回报，即商业利润，或者付出能有所得，即领取薪水，并以此作为资源，使得对己有益的商行为活动得以维持和发展，自己的“三自”水平获得维持或者提高。

在商行为活动或者工作的过程中，参与者可能会经历各种境遇，可能要接受各种感觉、感受，有自我感觉好的，也有自我感觉不好的、不舒服的。尽管在商行为活动或者工作过程中，可能存在着不好的境遇、感觉、感受，但商行为活动的参与者，通过将这些与获得或者有可能获得的收益进行权衡，可以选择继续商行为活动或者工作过程，也可以选择改变和离开。

（3）两者对边界条件的处理不同

在爱的行为中，会有意或者无意地模糊一些与双方利益有关的边界条件。

在商行为活动和场所中，参与方各自投入资源、推动资源的流动、做出努力促使过程产出所期望的成果，都是为了获得所期望的利益。因此，商行为活动需要清晰的边界条件才能够正常运行；尤其是在商行为活动过程中涉及各方重大利益关切的时刻，如出现危机，资源和利益的划分、分配的时刻，边界条件就更是断然的、冷酷的清晰。

正因为爱行为活动与商行为活动有以上区别，所以人们在日常的活动中，应该将爱与商严格地区分开来，两者的活动场所和涉及的人的范围不可混淆，两者的成就和回报不能互相替代、补偿，两者的感觉和情绪也不能互相替代、不应互串，否则将顾此失彼，或者两者都是一团糟。

8. 商业期望

商业期望具有如下特性：

①商业期望是针对某些现实存在的或者未来有可能存在的商业需求，投入资源并推动开展有针对性的商业活动，以期能够提供满足这些需求的产品和服务，并希望从中获利。

②商业需求存在着多样性，满足商业需求、达到商业期望的路径也存在着多样性。

③由于人们对事物的认识、社会生产力的发展、资源和能量的投入和累积是渐进的过程，因此商业期望的实现也是个渐进的、累进的和逐次提高的过程。之前成功的或者因不成功而消亡了的商业期望所产生、遗留的物质的和非物质的东西，都有可能为新的商业期望的产生和发展提供基础和支撑。

④商业期望所提供的现实的供给量或者可能的供给量与现实的商业需求量或者可能的需求量之间存在着不对称性关系。有可能商业期望的供给量小于商业需求量；而更大的并且符合事物发展规律的可能性是，由于商业期望的逐利性目的和现实的存在，以及商业需求的多样性和商业期望实现路径的多样性，在资源开放的环境下，正在运行的和潜在的商业期望的供给量通常会多于现时的商业需求量。供给量多于需求量的环境，为商业需求的多样化选择和商业期望通过比较、竞争实现逐次提高提供了可能性。

⑤管制和垄断是抑制新的商业期望产生的主要因素。管制通过合法的和不合法的强制性手段，限制资源的流入、流动，从而抑制商业期望的产生和运行，尤其是抑制多样性的产生；垄断通过市场

化占有资源，促使或者迫使资源向有益于己方的方向流动，以期达到消灭对己不利的商业期望的目的，同样抑制了多样性的产生。

9. 商行为活动与特权

商行为活动开放、活跃的环境，为人们“三自”水平的维持、提高提供了更多的选择和自主权，人类社会中的特权功效将被弱化，反之特权功效将被强化。所以，特权利益的维护者总是试图限制商行为活动的范围和程度。

人类社会商行为活动的发育、发展，逐渐培育、释放、满足人们改变“三自”水平的多样性需求，商行为活动的活跃促使多样性的资源、多样性的配置流动，为人们提供了多样性的成果；人类社会日趋活跃、日臻完善的商环境，压缩着社会中权贵的特权和优越感的空间；人类社会特有的商活动，是促使人类社会“三自”水平快速、大幅度提高的重要因素。

推动人类社会经济增长的本质，是在恰当的商行为活动边界条件环境内，让有商消费能力的人实施商的消费和增加商的消费。商消费能力弱或者没有商消费能力的人，可以通过为有商消费能力的人提供商消费的产品和服务，使得自身商消费能力提高，进而推动整个社会的商活动活跃和商消费能力提高。

2.3.3 善

善行为表现为：尊重、理解、宽容他人的“三自”水平状态、要求及行为；当他人为了维持其“三自”水平而有特殊的、迫切的需要或面临自身一时难以解决的困难时，愿意提供力所能及的、不图回报的帮助和支持。

善行为的存在能够使社会更加平和、包容、宽容。善行为的这种理解、包容，多表现在双方处在非利益攸关方、对自身“三自”

水平无利害关系影响的条件下。由于不图回报，善行为中帮助和支持的施助行为多为短促的、时间和空间都是有限的。

以善的心态，审视看待现实社会中人们的活动和存在，即与人为善，给予别人宽容和机会，也会给自己留下空间和机会。

2.3.4 平

平行为表现为：人们更多的是关注自己的“三自”水平状态和要求，对他人的“三自”水平状态不在意，也无意去损害他人的“三自”水平利益；并且认为、希望人们在关注各自的“三自”水平利益时，人们的基本权利是平等的。

平行为是人类社会中多数人的行为常态，并存在着孕育、发展出各种其他社会行为的可能。

人们的基本权利平等是人类社会政治文明进步的重大成果，是现代社会维持稳定和发展的基础，人类社会的许多边界条件和规则，均是建立和运行在平等的基础之上，否则将运作不灵。

2.3.5 劣

劣行为表现为：不尊重他人“三自”水平状态、利益和要求，漠视、忽视现有的边界条件和逻辑关系，不愿接受现有的边界条件、规则的约束；损害他人“三自”水平利益，而直接或间接地有利于自身“三自”水平利益。

劣行为多为对现有边界条件、逻辑关系、规则的漠视和挑战，欲突破现有边界条件和法律的约束，这些欲挑战、欲突破的行为未必全都对社会发展无益；有的劣行为在特定的时段，可能会得到人们的容忍，甚至进入赞许的范围内，该行为或被视为中性（如在青少年阶段）。

2.3.6 恶

恶行为表现为：不尊重他人的“三自”水平状态、利益和要求，为了自己的“三自”水平利益，有意识、有目的地无视、破坏现有的边界条件、逻辑关系、规则，通过损害、掠夺他人的“三自”水平利益而使自己的“三自”水平获益。

在人类社会的发展过程中，所经历过的一些恶行为的伤害、损害，提升了社会的防恶、惩恶机能，完善社会发展的边界条件、逻辑关系和规则。

对社会而言，劣、恶行为活动所消耗、损耗的资源量大于其产生的资源量。同时，这些行为有时也可能对激励人们克服人的三个本性，对社会机能、边界条件、逻辑关系、规则的提高和完善，有着促进和推动作用。因此，劣、恶行为对人类社会的发展和进步也有其特有的助推作用。世界上一些清规戒律极其严格、看似没有劣和恶行为存在的社会，未必是能够促使人们的“三自”水平提高或者较快提高的社会。

人类社会中，在特定的边界条件下，被判定为劣、恶的行为，不断撞击、挑战、突破着社会中现有的边界条件、逻辑关系、法律约束和利益关系，以对行为实施者的“三自”水平有利的方向和方式，使行为受害人的“三自”水平利益受到损害；当社会的政治环境发生较大变化时，即社会的边界条件、逻辑关系、资源的流向和分配发生较大变化时，一些在特定的边界条件下被视为劣、恶行为的评判标准也会发生相应的变化。

在人类的社会行为活动状态中，平行为活动是最基本、最基础、最广泛的社会行为状态，而平等即人的基本权利的平等，是平行为活动得以持续、稳定存在的基础，即平等是社会稳定和发展的基础。人类社会中人们平行为活动持续、稳定存在，尤其是人的基本权利的平等得到维持和维护，就能够为社会中人们的爱、商、善行为活动的实施和发展提供持续、稳定的基础。

在平行为活动过程中，当人们认定自己处于不平等状态且不愿意再忍受这种状态时，人们可能会设法驱动资源改变常规的流向，以寻求所处的不平等状态能够获得改善、改变。

在爱、商、善行为活动过程中，涉及的各方之间可能存在着不平等或者平等性较弱状况，人们为了自身的利益，在特定的边界条件下，在有限的时空内，会愿意接受、容忍这些不平等的状况存在。

人类社会中，人们平行为活动的平稳存续是社会能够平稳存在、发展的基础，加之人们善行为活动的存在、扩大、普及，即人心向善——人们以善的心态看待社会中的人和事、与人为善、劝人向善，社会中人们的这两种行为活动的平稳存续和扩展，构成了人类社会和谐、平稳发展的基础。

人类社会相比于动物界，人与人之间多了商、善、平的相互关系及作为，所以，人类社会要比动物界高级得多，人的“三自”水平也要高得多。

第3章

社会动力方程

3.1 社会动力方程的内涵

人类社会中，人们用来维持或者不断提高自身“三自”水平的社会财富和成果，是人们利用资源，经过组织、分工、劳动、创造，生产出成果，再经过分配而获得的。这些成果产出和获得的过程，依循着社会动力方程而运行。

3.1.1 社会动力方程式

人类的社会动力方程式是：

{资源Ⅰ×[A+资源Ⅱ(1)]}×{效率×[B+资源Ⅱ(2)]}=
{回报(通货)×[C+资源Ⅱ(3)]}　　(3-1)

在社会动力方程式(3-1)中：

{资源Ⅰ×[A+资源Ⅱ(1)]}——社会动力方程的输入函数，是社会动力方程得以启动、运行并产出成果的必要条件；其中，[A+资源Ⅱ(1)]是资源Ⅰ的倍增函数。

{效率×[B+资源Ⅱ(2)]}——社会动力方程的传递函数，是将资源Ⅰ转换成所期望的成果的条件和过程；其中，[B+资源Ⅱ(2)]是效率的倍增函数。

{回报(通货)×[C+资源Ⅱ(3)]}——社会动力方程的输出函数，是社会动力方程运行成果的体现和成果与实现“三自”水平的能力(通货)的对接过程；其中，[C+资源Ⅱ(3)]是回报的倍增函数。

3.1.2 社会动力方程式中的倍增函数

在社会动力方程式（3-1）中，输入函数、传递函数和输出函数分别包含各自对应的倍增函数，在这些倍增函数中：

①A、B、C 分别为附加、作用在资源Ⅰ、效率、回报函数上的损耗、阻尼系数，由于自然界和人类社会中必然存在外部的、内部的侵蚀和损耗，A、B、C 的数值应小于等于 1，即 $A\leqslant 1$，$B\leqslant 1$，$C\leqslant 1$。

②资源Ⅱ（1）——针对资源Ⅰ而发挥作用的资源Ⅱ。当资源Ⅱ（1）的存在和作用使得人们在社会动力方程的运行过程中，可供采用、利用的资源Ⅰ的数量、种类更多，质量更好，来源更广，之前不可用或仅低效可用的资源Ⅰ转化为可高效利用时，资源Ⅰ用来产出成果的使用效果更好、利用率更高。

③资源Ⅱ（2）——针对效率而发挥作用的资源Ⅱ。当资源Ⅱ（2）的存在和作用，包括新的工具、生产结构组成、管理方法等使得人们参与社会动力方程运行的效率更高，可以获得提高效率的新方法和新技术手段时，传递函数在社会动力方程产出成果的运行过程中的作用和效果更加突出、有效。

④资源Ⅱ（3）——针对回报（通常以通货的形式体现）而发挥作用的资源Ⅱ。当有资源Ⅱ（3）的存在和作用时，可使获得（到手）的成果份额更多，社会动力方程运行获得的成果与通货的对接（销售）更加高效、有优势，所获得的成果、持有的通货具有更高的提升成果获得者“三自”水平的对接和支付能力。

3.1.3 社会动力方程的运行趋势

在社会动力方程式（3-1）中，依据倍增函数的变化，社会动力方程的运行变化趋势对应为：

①当所有倍增函数的资源Ⅱ都等于 0 时，即资源Ⅱ（1）= 0，资源Ⅱ（2）= 0，资源Ⅱ（3）= 0，由于倍增函数中的 A、B、C 分别为小于等于 1 的损耗、阻尼系数，社会动力方程将以逐渐衰减的模式运行，即社会动力方程循环的次数越多，输出函数即成果的值越小。

②当某个资源Ⅱ大于 0 时，有可能使得社会动力方程式（3-1）中的某个对应函数的效能倍增，从而有可能导致社会动力方程运行的输出函数效能倍增。

③当某个资源Ⅱ小于 0 时，有可能使社会动力方程式（3-1）中的某个对应函数的效能倍减，从而也有可能导致社会动力方程运行的输出函数效能倍减。

所以，资源Ⅱ是具有大小和方向的矢量，资源Ⅱ的大小和方向决定着社会动力方程式（3-1）中倍增函数的大小和方向，也就决定着社会动力方程运行的方向、趋势和结果。

正是由于在社会动力方程中的输入函数、传递函数、输出函数中，存在着有对应作用关系的、由对应的资源Ⅱ产生的倍增函数，因此人类社会事物的运行，要比纯物质世界的输入函数、传递函数、输出函数之间的逻辑运行规律复杂得多，操作难度大得多。

社会动力方程运行并产出成果的核心要素是：资源、效率、回报。社会动力方程的运行就是其中的诸要素在一定的边界条件下，依据一定的逻辑关系而相互作用，并促成社会动力方程的运行且产出成果。

3.2 资　源

在社会动力方程式（3-1）中，发挥作用的资源包括资源Ⅰ和资源Ⅱ。

3.2.1 资源Ⅰ

1. 资源Ⅰ的定义

在社会动力方程运行过程中，资源Ⅰ涵盖一切现实已存在的、可供利用的资源。包括但不限于土地、矿山、工具、设备、资金（货币、通货）、有价证券、人力资源等，也包括社会动力方程运行所获得的成果。

资源Ⅰ所能涵盖的资源，只有进入社会动力方程的运行过程之中，才能够体现出其作为资源Ⅰ以及在此社会动力方程中的价值。一些资源Ⅰ通过参与社会动力方程的运行，并且社会动力方程运行所获得的成果对维持、提高人们的“三自”水平有贡献、发挥了作用，这些资源Ⅰ才能够体现出对人类客观存在和发展的现实价值，即力所能及、为我所用的财富，才是对我有效的财富。

2. 资源Ⅰ的分类

依据资源Ⅰ参与社会动力方程的方式，可将资源Ⅰ划分为：

①主动增值型资源Ⅰ，如货币、有价证券、人力资源等。主动增值型资源Ⅰ能够通过主动地流动、主动地寻找并投入自认为有效

的社会动力方程，以寻求自身的增值。

②被动增值型资源Ⅰ，如土地、矿山、房产、黄金等，这些资源Ⅰ只有被特定的、有针对性的社会动力方程选中和使用时，才有可能体现自身价值和获得增值。

3. 应用于社会动力方程的资源Ⅰ的获得途径

在人类社会中，获得资源Ⅰ的途径有：

①社会动力方程的成果转换，如购买、储存。

②继承。

③租借。

④偶得，包括合法的获得和非法的获得。

⑤强占，包括使用合法的和非法的手段强占、抢夺。

3.2.2 资源Ⅱ

1. 资源Ⅱ的定义

资源Ⅱ是在社会动力方程的运行过程中，一种由人产生的资源和能力。这种由人产生的资源和能力，以提高人们的“三自”水平为目的，通过改变、产生、提供新的边界条件和逻辑过程，以改变资源（包括资源Ⅰ和资源Ⅱ）流动的方向、方式、数量和事物运行的环境，使得社会动力方程中的某些函数获得倍增，或者建立新的社会动力方程运行模式和过程，从而提高社会动力方程的运行效能，产出更多的成果，或者产出新的、不同于以往的成果。

资源Ⅱ可以是但不限于提高生产力的新技术手段、方法或者技术解决方案，从而在社会动力方程的运行过程中，能够更有效地利用现有的资源Ⅰ或者发现、拓展出新的、可在社会动力方程中用作资源Ⅰ的资源。可以是新的分工、组织、作业模式、运行机制，或者新的资源引导、流动方式，从而提高社会动力方程的运行效率；也可以是新的商业运行模式和市场行为，或者新的社会政治模式、制度，使得社会动力方程的运行、资源的流动、效率的提升更加流畅、高效，从而使得社会动力方程运行产出的成果数量更多，或者部分人能够从产出的成果中获分的数量或者比例更大，或者社会动力方程的成果转换成通货的效能更高，或者获分的成果（通货）与自身所需的“三自”水平的对接效果更好，从而实现自身期望的“三自”水平的维持或者提高。

由于社会动力方程中的资源、效率、回报诸函数之间的逻辑运行均需要依据、依托一些特定的边界条件，因此，在社会动力方程的运行过程中，就存在着试图改变这些边界条件的资源Ⅱ的产生、存在和发挥作用的可能性和空间，即人们有可能产生对应以上 3 个函数的资源Ⅱ，即资源Ⅱ（1）、资源Ⅱ（2）、资源Ⅱ（3）。

2. 资源Ⅱ的特性

（1）产生资源Ⅱ的主体和资源Ⅱ的载体是人

大脑是人类产生资源Ⅱ的主导器官，大脑对边界条件的认知能力、依据一定的边界条件的逻辑思维和判断能力、欲寻求改变的冲动能力、驱使人采取行动的能力等，是促使大脑产生有效资源Ⅱ的能力基础。

源自人类大脑的资源Ⅱ，必然随着它的主体——人——的流动而流动；同时，人的流动导致人不断触及新的边界条件，提升人产生新的资源Ⅱ的可能性。因此，能够不断产生新的资源Ⅱ和资源Ⅱ能够富集的地域，一定是人员不断流入的区域。

人类与动物的本质区别在于，人类为获得更高的“三自”水平，能源源不断地产生比动物多得多的资源Ⅱ，从而使人类与动物区分开来，享有比动物高得多的“三自”水平。

（2）资源Ⅱ的鲜活特征

①方向性。即具有提高“三自”水平的正方向和反方向之分，

即好方法能倍增，坏方法能倍减。

②时效性。相对于资源Ⅰ，资源Ⅱ的有效期要短得多，已有的资源Ⅱ有可能会在不太长的时期内被后续的、新产生的资源Ⅱ所覆盖、迭代、替代。

③地域性。在特定的自然环境或者人文环境内产生有效的资源Ⅱ，但在其他环境下使用时，未必会具有相同的效果，即相同的资源Ⅱ所发挥的效能与周边的环境有关，因为有些资源Ⅱ的产生就是为了改变特定的边界条件。

3. 产生资源Ⅱ的动因

社会动力方程运行过程中所需要的资源Ⅱ，并不会自然而然地产生，只会在一些动因的激励或者激发下，才有可能产生。这些动因有：

（1）好奇和探索

通过好奇和探索行动，会触及一些以前未曾触及或者未敢触及的边界条件，能够更深入细致地认识、了解社会动力方程运行的边界条件和逻辑规律，从而有可能基于这些新的认识，为了提高人们的“三自”水平而开发、产生新的、有益的、有效的资源Ⅱ，使得原有的社会动力方程的运行效果倍增。

在人类社会的发展过程中，人类的好奇和探索的努力和成果，使得人类的“三自”水平不断提高，并因此而形成了人类社会鼓励探索、发现的社会体系和文化，这些社会体系和文化的完善和发展，更加鼓励、激励人们进行探索和尝试。

（2）迁移

当由于自然因素或者主观因素，人们被动地或者主动地发生迁移时，人们原来所处的边界条件发生了不可逆的改变、突变，原有的逻辑关系和过程中断了，为了适应新的边界条件和逻辑关系，或者为了在新的边界条件下实现“三自”水平的提升，这些因素会激励、激发人们产生适应于新的边界条件的新资源Ⅱ。

（3）差别

当人们的“三自”水平存在差别时，这些差别会通过各种方式显现、展示出来，而导致人们认识到差别的存在。一部分人会对存在差别的现状不满意，并试图通过提升自己的“三自”水平来调整、改变存在差别的现状，这些试图和努力改变存在差别现状的行为，将激励一些人产生相关的资源Ⅱ，即试图通过提供、提出新的边界条件，改变现有的边界条件和逻辑关系，改变资源流动的方向、方式；并将产生的资源Ⅱ应用于所参与的社会动力方程的运行，使得社会动力方程的运行能够获得更多的成果，并使自己能够分得更多的成果，以达到提高自己的“三自”水平的目的。

差别激励是人类社会中最常见和最有效的激励、激发人们产生资源Ⅱ的因素。人类社会为了自身的发展需要，也在不断地发展、建设和完善各种用于展示、显现、渲染差别和鼓励人们努力改变差别的文化、场所和机制。如各种展示“三自”水平差别的媒体传播、文化交流、人类社会建立和发展的要素市场和实物市场等。因此，相比于动物，“三自”水平的差别对人类的刺激、激励要直接得多、有效得多，人类通过自己的努力来改变差别的欲望、方法和路径，也比动物要多得多，结果是人类的“三自”水平比动物的要高得多。

（4）过程中断

这里的过程中断为广义的中断，包括：

①移居到新的生活环境，有可能会激励产生新的资源Ⅱ，以适应新的边界条件或者希望在新的环境下获得较高的“三自”水平。

②原有的环境和边界条件发生了重大变化，如危机、重大灾害等，使得原有的、习以为常的、正在进行的过程中断或者难以再继续有效地运行下去，并且危及人们已有的“三自”水平。这些变化都有可能强迫人们产生新的资源Ⅱ，以应对这些突然的变化，或者借机提高自身的“三自”水平，即急中生智。

③原有过程的主动或者被动的中断，如辞职、丢职、调岗和调职、休长假、罢工等。

过程中断而激励产生资源Ⅱ的机理：

①中断事物在现有边界条件和逻辑关系下连续运行的惯性和人们的惰性，迫使人们重新思考、认识这些边界条件和逻辑关系。

②过程中断的同时，可能伴随对人们利益的压迫感和危机感，有助于人们克服人本性中的惰性，为了自身“三自”水平的维持、提高，而重新审视事物运行的过程和结果。

③因原有过程中断，人们可能会有机会、有时间接触到、认识到新的或者以前视而不见的边界条件和逻辑关系。

过程中断是事物运行的不连续点，这个不连续点有可能成为事物下一个连续运行过程的起点。宇宙的发生、发展和演变的过程，就是由一些不连续点连接的连续过程组成的；而一些小的不连续点与其所连接的连续过程的组合，又构成了大一级的连续过程的组成部分。

一些过程的中断，将导致事物运行的进程发生变化，使人有时间和机会重新思考、审视已有的、原有的、习以为常的，甚至视而不见的边界条件和逻辑关系，有机会激励产生不同于以往的边界条件和逻辑关系的资源Ⅱ。

4. 产生资源Ⅱ的路径、过程

产生资源Ⅱ的路径和过程是：

（1）研究探索

人类通过对事物的研究探索，不断认识、接触到新的、更多的与事物运行有关的边界条件和逻辑关系，形成有关事物运行的新的认知层次，以及了解掌握与事物运行有关的新的边界条件和事物在新的边界条件下的逻辑关系。

（2）碰撞

碰撞产生新物质乃是宇宙发展的规律。碰撞的过程和方式（边界条件+接触方式）存在多样性，多样性的碰撞有利于激发产生更多更好的资源Ⅱ，包括：

①沟通和交流。沟通和交流是人们相互展示各自的边界条件、资源、逻辑关系，展示各自的利益诉求和文化。

②竞争。竞争是参与者在大家认定、认可的一些边界条件环境内，为了各自的利益而相互争夺、挤压。

③冲突。漠视一些边界条件的存在和限制，或为了建立新的边界条件、规则，相互争夺、挤压、强迫、伤害、毁灭。

④融合和合作。人们相互之间部分地接受、利用别人的资源、边界条件、逻辑关系，形成相互支撑的关系。

由于产生资源Ⅱ的主体和资源Ⅱ的载体是人，因此能为人们产生资源Ⅱ提供探索、研究、碰撞所需的场所、环境和条件的地域，就能吸引有能力和有动力产生资源Ⅱ的人流向此地，他们希望通过产生资源Ⅱ和自己的努力，来提高自己的“三自”水平。该地域由于有大量的、新鲜的、有效的资源Ⅱ产生和流入，因此能够吸引资源Ⅰ流入，两者结合而启动新的社会动力方程，而这些地域也会逐渐成为人类资源和成果的集散地和产出地，会逐渐成为繁华、适宜人类聚集和生活的地点，这也就是人类社会的城市和现代大都市存在和发展的必要性和基础。

自然生态好不好，鸟说了算，社会生态好不好，青年人说了算，他们都有自由、自主地做出自我选择的愿望和冲动及付诸行动的能力，希望通过自我鉴别、判断和付出，实现自我的存续和发展。

5. 资源Ⅱ的升级、完善

资源Ⅱ的产生、升级和完善过程，如图 3-1 所示，是一个金字塔型逐阶升级的过程。这个过程要经历的阶段有：

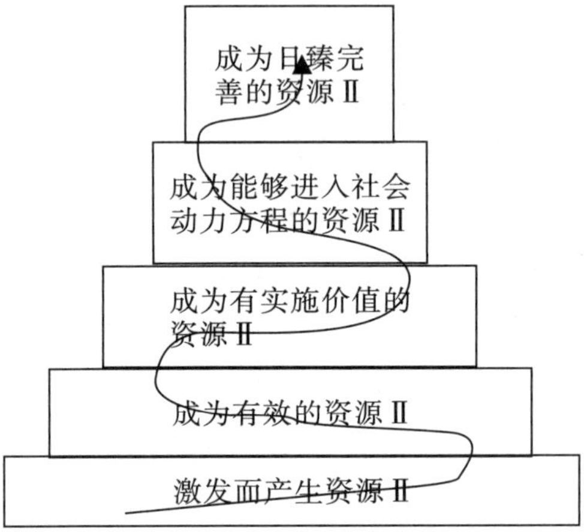

图 3-1　资源Ⅱ的产生、升级和完善过程

（1）激发而产生资源Ⅱ

在特定的因素激励、激发下，产生针对某一需求和问题的资源Ⅱ，即以某一需求为目的，提供新的边界条件，或者改变现有的边界条件。

（2）成为有效的资源Ⅱ

产生的资源Ⅱ，经过修改、完善、发展，能够有效地解决针对的问题、满足特定的需求。

（3）成为有实施价值的资源Ⅱ

产生的有效的资源Ⅱ，在实施过程中的成本效益，趋近或者在满足需求所期望的或者可接受的范围内。

（4）成为能够进入社会动力方程的资源Ⅱ

有实施价值的资源Ⅱ，通过与社会动力方程中的资源Ⅰ、效率、成果的互寻、接触，形成双方愿意结合在一起运行的社会动力方程，即“发明是一回事，会经营利用发明物却是另一回事”。

（5）成为日臻完善的资源Ⅱ

在社会动力方程的运行过程中，资源Ⅱ经过不断修改、发展、迭代，成为日臻完善的资源Ⅱ，在更有效地推动社会动力方程运行的同时，能够有效地延长资源Ⅱ的存续期，实现不断的自我迭代更新。

3.2.3 资源Ⅰ与资源Ⅱ的关系

资源包括资源Ⅰ和资源Ⅱ，是社会动力方程得以建立、启动、持续有增益地运行的决定性因素。资源Ⅰ与资源Ⅱ之间有如下关系：

①因为资源Ⅰ具有提供、设定相应的边界条件的能力，所以资源Ⅰ对资源Ⅱ的产生和流动具有引导、诱导、影响或者强迫的功能和作用。

②资源Ⅱ的有效生命周期要远小于资源Ⅰ，因此，资源Ⅱ要尽可能早地与资源Ⅰ结合，以启动、推动社会动力方程的运行，并在社会动力方程的运行过程中不断地完善、迭代、发展，以延续资源Ⅱ的有效生命期。

③以提高他人的“三自”水平为目的的资源Ⅱ要与相适配的商业模式即社会动力方程相结合，进而获得能够达到满足他人提高“三自”水平需求目标的成果及回报，这种增益型回报的获得，是资源Ⅱ得以进一步自我迭代、自我激励的基础。

④因为资源Ⅰ为社会动力方程的启动和运行提供和设定了边界条件，所以社会动力方程运行的控制权以及短期运行方向和趋势的决定权在于资源Ⅰ；因为资源Ⅱ为社会动力方程的运行提供了新的、更加符合资源流动趋势、更加符合事物发展趋势和规律、对社会动力方程运行的成果产生倍增效应的边界条件和资源，所以社会动力方程的长期运行方向和趋势取决于资源Ⅱ。

⑤主动增值型资源Ⅰ会主动寻找、追逐新的、有效的、有前途的资源Ⅱ，以求得自身获得更多的增值；而被动增值型资源Ⅰ只是有可能在资源（包括资源Ⅰ和资源Ⅱ）的流动过程中被选中采用后，

被动地增值。

在人类社会发展过程中发生的经济危机、金融危机、经济泡沫破裂等现象，其本质是，在人类社会的重大技术进步或者重大社会结构发展进步的过程中，促成和推动这些进步的重大资源Ⅱ后续的产生、发展、迭代更新出现了阶段性的停顿、停滞、转变或者困惑，从而导致前期大量的、为追逐这些资源Ⅱ而流动的主动增值型资源Ⅰ的流动和配置暂时失去追逐的方向、动力和目标。而伴随着这些主动增值型资源Ⅰ的流动而流动，并在流动过程中被不断增值的被动增值型资源Ⅰ，被配置的需求大幅度地降低，其活力和价值也随之快速地下降。在重大的具有决定性的、革命性的社会变革、社会进步发生阶段性转变时，尤其如此。前期大量为寻找、追逐、促成、借助这些进步和发展而流动的资源Ⅰ，有可能因未能及时地适应、跟随这些转变，而产生阶段性选择方向的困惑及不知所措的沉淀，并降低整个社会运行和资源流动的活力和效率，这又导致许多前期通常认为能够实现的商业期望变得无法实现或者实现的希望渺茫，许多为这些商业期望而支出的信用预支趋于无法兑现，从而降低了社会对资源流动效率提升和获得结果的信心。

有信心才会有信用，信心是敢于支付信用和敢于接受信用的基础。信心流失的结果导致整个社会的信用环境和体系的恶化，社会信用体系为了自保而趋向于自我收紧，导致社会的经济环境更加趋于危机化，循环往复地正反馈，致使社会发生经济危机的范围不断地扩大且危机加重。只有当社会中的主动增值型资源Ⅰ再次寻找到新的、可供追逐的资源Ⅱ，或者逐渐适应了前期追逐的资源Ⅱ的转变、升级，并再次展开追逐时，社会资源（包括资源Ⅰ和资源Ⅱ）的流动才有可能再次活跃起来，社会的信用支出逐渐增加、信用逐渐扩张，社会才有可能走出危机和停滞的泥潭。

3.3 文 化

文化，是大众之间有记录、有传承，有传播载体、渠道和方式，约定俗成、潜移默化地判断和处理信息、逻辑关系、边界条件的思维方式和行为路径的总成。

一个团体、一个民族、一个国家乃至人类社会在自我发展过程中，大量产生、容纳、使用其生存发展所需要的资源Ⅱ的决定性因素，是其拥有的文化。

3.3.1 文化对提高人们“三自”水平的作用

①通过文化的手段、工具，可以记述、描述人们过往和现时的“三自”水平状态和体验，使得人们能够认识到过往和现时的真实的“三自”水平，为现实中人们提高“三自”水平的努力提供真实的边界条件和参照。

②文化可以想象、虚拟、演绎人们想要获得的“三自”水平以及实现“三自”水平改变的过程，为人们提供了愿为之努力的虚拟的目标、方向和参照。

③通过文化的传播和交流，人们可以了解、感知、互鉴不同人的“三自”水平及其对“三自”水平的追求，了解、感知不同人“三自”水平之间的差异，有助于激励人们努力提高、修正自己“三自”水平的动力和目标。

④文化的手段和工具能记述、积累、传播人们为提高“三自”水平而拓展的技能和知识，为人们提高自身“三自”水平的活动提

供可持续的技能和知识的支持，并为后续的技能和知识的发展和完善提供基础。

⑤文化中记述的过往“三自”水平变化的过程、原因、路径，对现实中人们提高“三自”水平的活动具有借鉴、引导、影响的作用。

⑥文化中演绎、虚拟的人们追求提高“三自”水平的过程和路径，可为现实中人们追求提高“三自”水平的活动提供参考。

3.3.2 文化的“三性”及其关联

能够容纳、产生较多资源Ⅱ的文化和文化环境应该具有以下三个特性：

1. 文化的多样性

文化的多样性：有多种文化并存，能够多样性地展示不同族群的人在不同的环境下所具有的不同的“三自”水平和各自对“三自”水平的不同追求和期望、愿景。

文化的多样性能够使得不同族群的人们更多地了解、体验、学习、见识、互鉴更多样的“三自”水平、各自对“三自”水平的追求及其路径，以及他们“三自”水平之间的差别，对产生可提高自身“三自”水平的资源Ⅱ有启发、激励、推动的作用。

2. 文化的包容性

文化的包容性：尊重、理解不同种族、不同人群的“三自”水平的发展历史、现状和诉求，对于各种为了提高自身“三自”水平所做的努力给予理解。文化的包容性代表着不同族群之间应该相互包容、交流互鉴各自的文化，而不是相互排挤、争斗、诋毁、贬损。

文化的包容性能够为文化多样性的存在、发展提供宽容的、平和的、平等的空间和环境，人们有更多的相互交流、学习、借鉴的机会，这对资源Ⅱ的容纳和产生有利，同时也能够减少因摩擦、争斗而造成的资源消耗。

3. 文化的容错性

文化的容错性：文化及文化的环境在一定的范围内，如在人们认可的边界条件、规则及法律的框架内，或者在所能够容忍和承受的限度内，容忍、宽容各种为了提高自身“三自”水平所做的努力和尝试，以及与这些努力和尝试相关的偏差、差错和失败，甚至一些奸劣行为。

文化的容错性的首要特征是承认他人的成功，同时表现为理解、宽容各种在努力提高自身“三自”水平的活动过程中的失败、差错和偏差，并且能够善待和利用产生失败、差错和偏差的活动过程中物质的和精神的遗留物。

文化的容错性有助于为人们争取更高“三自”水平的活动提供宽松、包容的环境及可供借鉴的路径和案例，宽容人们敢于投入资源去尝试提高自身“三自”水平的努力，在努力的过程中，有可能产生新的资源Ⅱ，也有可能形成有益于人类社会发展的积累。

文化的容错性在认可、容忍甚至鼓励试错行为及其结果方面的行为表现有：

（1）承认他人的成功

人类社会的容错能力的首要特征是承认他人的成功。该特征的功效在于：

①有助于认识事物运行的真实的边界条件及阶段性成果。

②有助于看到事物运行的可行的逻辑方向和路径。

③有助于确认自我的缺点和不足及需要努力的方向，即“知之为知之，不知为不知，是知也”。承认他人的成功，有助于希望成功者获得需要的“知也”。

乐于赞赏、欣赏别人的成功，是对多样性和包容性文化的认可与接受，人类社会活动中的开放行为，即为承认别人的先进之举和成就，并引进学习之，以补自我之不足，包括有偿使用别人的知识产权。

赞赏他人，成就自己。

（2）试错

敢于进入边界条件和逻辑关系尚不是很确定的环境，投入资源并寻求新的资源Ⅱ，以争取实现“三自”水平的提高。

（3）认错

敢于、善于认错，即以恰当的方式，及时承认自己的差错、偏差和失败，并敢于认可他人的成就和成功。这有助于认清、确认真实的、已被认知的边界条件和逻辑关系，行事有弹性，有利于卸掉包袱、轻装前行，对自己后续的努力和成功有帮助。

（4）纠错

在认错即确认边界条件和逻辑关系的基础上，及时纠错、纠偏，以减少在错误方向和路径上的资源和时间消耗。

（5）从错中受益

出现差错、偏差和失败的过程和结果，有助于了解、认识、触及事物运行的真实的边界条件和逻辑关系，能够善待并利用产生差错、偏差和失败的过程中物质的和精神的遗留物，能够使得人们从已有之错或者他人之错中获得总结和认识，也能够从他人之成功中学习，这些都对自己的努力过程有启发、警示和帮助。

（6）防错

防止同类或者相似的差错再次发生，避免资源、时间无谓的消耗和流失。

（7）容错

在一定的程度内，允许自己犯错，也允许他人犯错，为自己和他人留有一定的努力和尝试的空间。同时，具有一定的能力和资源，以承受一些因差错、偏差、失败而产生的成本和损失，即一些呆坏账有合理的一面。热衷于寻找、纠结他人差错的行为，是一种缺少对多样性的认知和缺少包容性气度的表现。

宽容他人，完善自己。

文化的容错性，允许在一定的范围内存在一些奸、劣、恶行为；某些奸、劣、恶行为的评定标准是相对于特定的边界条件而言的。一些奸、劣、恶行为体现为，出于某个目的，对现有边界条件和逻辑关系的挑战、求变甚至是践踏和破坏，或者是对现有边界条件、规则、人们的认知的漏洞、疏漏的有意为之，而一些资源Ⅱ的产生也正是为了改变现有的边界条件，并提供新的边界条件，两者的过程和目的有着相似甚至重合之处。当边界条件发生变化时，对一些之前通常认定的奸、劣、恶行为活动的评价和结论，也可能会有所改变。所以，社会对奸、劣、恶行为的零容忍，有可能会阻碍一些新的资源Ⅱ的产生和转化。

4. 文化“三性”的关联

文化具有的以上三个特性，即多样性、包容性和容错性，称为文化的“三性”。多样性是应对、适配、探索世界不确定性和未知性的关键要素；包容性使得各种文化和谐共存、包容互鉴，是支撑多样性的基础；容错性体现着多样性和包容性的重要特征，体现、认可多样性和包容性的存在，即认可自我对事物的运行、发展认知的局限性和阶段性的存在。文化的“三性”为资源Ⅱ的产生、发展、完善提供了适宜的、宽松的边界条件和环境。文化的“三性”平衡发展的程度，决定着一个团体、民族、国家对新的资源Ⅱ的接受能力和容纳能力，更决定着其产生新的资源Ⅱ的能力。

人类社会政治文明的进步，如人的基本权利的平等和表达权利的保护、个人所有资源包括资源Ⅰ和资源Ⅱ的所有权和使用权的确认和保护等，为人类社会的文化多样性、包容性和容错性不断向高水平发展提供了更好的基础，进而能加快促进人类社会产生更多的、对人类社会生存发展有益的资源Ⅱ，推动人类社会快速发展。

3.3.3 文化对产生资源Ⅱ的作用

1. 记录、传播、教育

通过文化的手段和形式，可以记录、传播人们过往活动形成的知识和技艺，可以建立、形成已有知识和技艺的教育和传承体系，为新的资源Ⅱ的产生提供基础。

2. 展示

通过文化的手段和形式，可以传播、展示、放大或者缩小差别，使得这种差别的存在有可能刺激、激励人们产生相应的资源Ⅱ。

3. 刺激、激励

通过文化的手段和形式，针对人的三个本性给予刺激、激励，促使人产生新的资源Ⅱ。

4. 记述、演绎

文化的手段和形式对过往事例的记述和演绎，能够为人们提供超越时空的边界条件和逻辑关系的想象和借鉴，对人们产生新的资源Ⅱ的过程有启迪作用。

5. 虚拟

文化的虚拟手段，能够为人们提供针对某一特定目的的虚拟的边界条件、逻辑关系、运行过程，或者提供某一过程的虚拟的路径和虚拟的结果。这些虚拟的东西有助于启发人们突破、跨越现有边界条件的限制或者自我设定的认识障碍和约束，而产生所需要的资源Ⅱ。

6. **碰撞**

文化的手段、形式和环境，能够为人们提供实际的碰撞和虚拟的碰撞，这些碰撞的过程和结果，有助于人们产生新的资源Ⅱ。

人类的“三自”水平之所以远远高于同是起源于和生存在地球自然界的动物，是因为人类能够产生比动物多得多的提高自身“三自”水平所需要的资源Ⅱ。而人类社会能够不断地、大量地产生新的资源Ⅱ的根本原因，就在于人类社会具有源远流长、有记录、有传承、丰富多彩、不断发展、有“三性”特征的文化。

3.4 资源流动

资源包括资源Ⅰ和资源Ⅱ的流动，是资源的常态，是社会动力方程运行的先决条件，是社会活动中各种成果能够形成、产出的基础条件。

在人类社会中，资源包括资源Ⅰ和资源Ⅱ并不会自然而然地自我流动，推动资源流动的主导驱动力有差别驱动和政治引导。

3.4.1 差别驱动

差别是驱动自然界物质流动的原动力。水系中的高度落差，驱动水的流动形成水流；电路中的电位差，驱动电荷的流动形成电流；空气中的压力差，驱动气体的流动形成气流。

在一定的边界条件下，人们之间“三自”水平的差别和人们试图改变差别现状的意识和努力，形成了人类资源流动的差别驱动力，从而推动社会资源朝着人们期望和努力的方向流动。穷未必思变，穷而图变，变则通（富）。

在人类社会中，差别驱动资源的流动，是在特定的边界条件下运行的，而边界条件的作用、“三自”水平差别的影响力、试图改变这种差别的意识和努力、可供使用的资源等，都是因人而异的，因此，差别驱动力的效能、大小、方向也因人而异。人类社会中众多的、大小和方向各异的差别驱动力，汇集形成了社会资源流动的差别驱动力矢量，这个差别驱动力矢量就是社会上那只“看不见的手”，它驱动着社会资源在特定的时空，以一定的方向、方式、数量流动。

差别驱动资源流动的过程包括以下环节：

1. 差别展现

展现人们“三自”水平状态、现象和诉求及差别的途径有：

（1）文化

丰富多样、处于交流状态的文化，能够将不同族群、不同地域、不同时空的人们的“三自”水平状态和追求的差别，以人们乐意接受的形态和方式进行传播和展现出来。

（2）媒体

开放、适时的媒体活动，能够及时有效地发现、展现差别的存在，并能够针对一些选定的差别现象，进行放大、缩小，给出分析和观点，有意识的媒体活动和传播能够对资源的流动起到激发、引导、诱导的作用。

（3）生产、生活的要素市场

人类社会中的生产、生活的要素市场，不仅能够集中、高效地展现社会经济活动中的差别状态，而且为人们释放、实施差别驱动力，从事调整、调动资源活动提供了场所。

2. 驱动资源流动

利用差别大规模、有效地驱动资源流动的方式有：

（1）生产、生活的要素市场

生产、生活的要素市场，利用其自身的场所、信息和运行机制，不仅能够汇聚、集中展示差别，还能够改变差别而高效、有序地进行汇集、调整、调动资源流动和配置的操作及信息的汇集和传播。具有较大和广泛影响力的要素市场反映出来的资源流动和配置的结果或者预期的结果，对社会上其他渠道资源的流动和配置有着示范、引导和参照作用。

（2）投机活动

投机活动驱动资源流动包含以下环节：

①先期观察、认识到差别的存在和可能的变化发展趋势，并观察到市场和人们对这一差别的懒惰、迟钝和错误表现。

②利用自己的资源，促使差别显性化，并且人为地进行放大、夸大。

③引起其他资源对这一差别的认知、重视，激发、触发其他资源利用这一差别、改变差别而获得流动的动力和冲动。

④使投机活动达到主观上利用差别为自身获利，客观上发现差别并引导、推动其他资源朝特定方向和领域流动的目的。

投机活动引导资源的流动为人类社会所特有，在恰当的边界条件、规则下和恰当的场所进行的投机活动，对人类社会的发展和进步有着不可替代的作用，是推动人类社会得以快速发展的动因之一，人类社会也在为一些具有投机冲动的活动提供边界条件、规则和场所。投机活动引导资源流动的方向、趋势，只有与道相合，才能达到持续、大规模引导社会资源朝着合理的方向流动的客观目的，并达到有效获利的主观目的，即获利有道。

3.4.2 市场经济

市场经济就是人类社会中多样性、差别驱动的经济活动，是人类社会资源流动、汇集并产出成果、形成新的资源的一种社会活动形式。

市场经济具有以下特征：

1. 多样性

市场经济是多样性的经济活动，以多样性应对、适配各种不确定性、多样性的资源和多样性的需求。

①资源的多样性。资源包括资源Ⅰ和资源Ⅱ的多样性，包括资源寻找方式、获取方式、需求、来源的多样性。资源的多样性使得社会经济活动不依赖不局限于少数、单一、权威的资源，资源的多样性赋予了人们社会活动多样性的选择，是应对、适配自然和社会不确定性的基础，社会中多样性资源的形成、积累、流动，需要资源包括资源Ⅰ和资源Ⅱ产权的确定性和保护。

②资源使用、流向选择的多样性。基于资源产权的确定性和保护，在一定的边界条件环境内，确认资源所有者可以自由、自主使用自有资源的权利。多样性、自由、自主地选择使用流向领域的资源，可以包容、实现多样性的“三自”水平的时间和空间，可以实施产出能够满足多样性“三自”水平需求成果的努力。

③成果需求和获取方式的多样性。人类社会活动成果的需求和获取方式的多样性，为资源的多样性流动、多样性竞争的存在，为满足多样性需求的多样性资源Ⅱ的产生，提供了空间和时间。

2. 法律保护

市场经济是法律保护的差别经济，法律为资源的流动提供清晰、稳定的边界条件和规则，在法律的框架内，保护差别的产生和存在，保护与差别相关的资源包括资源Ⅰ和资源Ⅱ的所有权和使用权，保护人们为改变、维持差别所做出努力的过程中使用自有资源的权利和自由及所获成果的所有权。这有助于人们敢于投入资源，努力提高自己的“三自”水平，同时为社会提供、积累稳定、可用的新资源，客观上推动整个社会有序向前发展。

3. 产权明晰

明确资源包括资源Ⅰ和资源Ⅱ的所有权、支配权和收益权，保护所有者对私有资源的绝对支配权、支配自由和受益权，这有助于明晰资源使用的职责和利益，提高资源流动的效能。

4. 边界条件的清晰性与确定性

边界条件、规则的清晰性、确定性和可预期性，为资源的多样性流动提供确定的信息和依据；模糊、不清晰的边界条件，增加了资源流动的成本，并提供了人为操控的空间。

5. 多样性和包容性

①允许多种、多层次的差别的展现及展现场所、手段、方式的存在，能够充分、有效地发挥差别驱动资源流动的推动力作用。

②允许多种、多层次的由差别驱动的、欲改变差别的、自主进行的供给与需求适配的行为和场所的存在和发展。

6. 自由、自主的交换

①在特定的、清晰的边界条件环境内，人们可以自由地释放对“三自”水平的愿望和追求。

②依据自身的资源和发展的预期，自主地做出实现自身所期望的“三自”水平的时间和空间的选择和交换。

7. **社会资源开放**

社会资源基于平等的原则，公开、开放，等价索取，价高者得，利用差别驱动使社会资源流向相对高效的区域。

3.4.3 政治引导

人类社会发展过程中，逐渐形成的、不断发展的政治活动和不断推进的政治文明进步，都对人类社会的资源包括资源Ⅰ和资源Ⅱ的产生、流动有着巨大的推动和引导作用，因而对人类社会的“三自”水平的提高有巨大的影响力和推动力。

1. **政治**

（1）人类社会的政治

人类社会的政治是以提高个人或者一个群体或者大部分人的“三自”水平为目的，有组织、有纲领地，以合法或者未来有可能合法的手段、方式、程序、路径，实施获得、占有、支配资源的活动，并且试图引导、改变资源的流向。政治体系活动的目标，就是使得支持、维护该政治体系的社会基础获得利益，以使得政治体系能够获得维持其存在和发展的基础。在达到政治目标的过程中，有可能激发产生为达到政治目标所需的资源Ⅱ。

（2）人类社会的政治文明

人类社会政治文明及其进步体现为，在政治体系的活动和目标的设定，资源的获取、汇聚、管理、使用，资源流动的引导，以及利用资源设定的边界条件和程序上，体现出日益惠及社会上多数人的“三自”水平的提高，体现出能够保证这种提高是建立在持续、稳定的运作方式和机制之上，体现出资源的流动和成果的获取与自然界的运行规律与趋势相符，即与道相合，从而使得政治体系的活动和目标得到社会上越来越多人的拥护和支持，并具有可持续性，进而能够推动社会的发展和进步。

2. 政治引导的方式

（1）战争

通过战争的手段能够改变资源的归属权和分配。政治在战争的推动过程中，以人们通过支持、参与战争而获得的利益，或者有可能获得的利益来设定目标，引导、驱动社会资源（包括资源Ⅰ和资源Ⅱ）的流动。

（2）设定边界条件

依照政治活动和目标所需要的资源流动方向、方式、规模，利用政治体系所掌控的资源，设定一些政治体系认为是必要的、强制性的或者非强制性的边界条件，使得资源自愿或者非自愿而又不得不按照政治期望的方式和方向流动。

（3）意识引导

通过政治活动的宣传、说服、范例示范，或者针对事物的某些方向、某些侧面、某些特征的有意识的强调、强化、夸大，使得资源主体逐渐形成意识，认识到或者感觉到资源按照政治引导的方向流动对于改变自身“三自”水平的重要性和必要性，从而自愿地、有意识地驱动资源的流动、转换。

当资源主体认为顺应政治所设定的、引导的资源流动方向和方式有助于自身“三自”水平的提高时，则会主动地、自愿地驱动自身的资源，按照政治所设定的边界条件、所规导的方向流动。这种资源流动的机理和方式是人类社会所特有的，是人类社会区别于动物界的重要标志之一。

3. 政治引导资源流动的特点

（1）矫枉过正

为达到政治目标，政治活动需要支配、引导资源流动的规模。

要么不足，即达不到政治活动设定的目标；要么过头，即矫枉过正，达到政治目标，但浪费一定的资源。政治目标在开展政治活动过程中能够实现的程度和时机，动态地随着资源流动的方向和规模而变化，因此，不存在刚刚好的资源流动的时机和规模。在现实中，添油战术——失败的战术，边界条件总是随着资源的逐渐汇集而适应及变化；集中优势兵力——成功的战术，资源的超量聚集能促使边界条件发生所期望的转变而达到目的。

（2）过程的渐进性

由于资源主体对于被引导方向的认识、感知和意识的形成有个过程，资源的汇聚也需要时间和空间，所以，为了达到政治目标，开展引导活动需要有耐心、有信心、敢于投入。

（3）善于交换

为达到政治目标，善于以交换、置换等动态的方式，引导、汇聚所需要的资源。

（4）容忍损失、失败

为了使被引导者认识到政治引导的必要性，在开展政治活动的过程中，会有意识地容忍一些在尚未达到引导目的时伴生的损失、失败，直至达到一定规模和数量的损失和失败能够触发、推动被引导资源流动。

（5）目标的必达性

政治活动所引导的资源的流动和投入的可逆性很小。

（6）得道多助，失道寡助

如果政治活动不断修正目标和路径的意图是顺应自然、社会的变化和发展趋势，与多数人提高自身“三自”水平的愿望相符（即为寻道、顺道），并且在政治活动的有效推进中，其政治纲领得以有效推广、实施，使得越来越多的人能够从参与、支持政治活动中获得收益（即为得道），则会有越来越多的人愿意主动调动、驱动自己的资源参与其中，支持政治活动的推进，以期获得更多的利益，那么政治活动所能引导的、汇聚的、可供投入使用的资源也就会越聚越多，达到政治诉求的边界条件就会越加有利（即为得道多助）；反之，政治活动中可供调动、支配的资源则会越流越少（即为失道寡助）。

政治引导人类社会资源的流动类似于自然界中水的流动，中国古代哲学经常用水势及其特点来形容、比喻政治，如上善若水，智者乐水，水能载舟亦能覆舟，等等。

自然界中水的流动与人类社会中资源的流动的本质区别在于：

①自然界中的水不能在流动的过程中再产生新的水，而人类则能在资源流动过程中不断地产生所需要的资源Ⅱ，进而影响到资源流动过程中利用、产生资源Ⅰ的数量，即资源的数量在流动过程中有可能增加，也有可能减少。

②自然界的水流，只能够被动地适应、受制于自然界现实存在的边界条件，而人类的政治活动能够通过主动设置一些现实的或者虚拟的边界条件，达到引导资源流动的目的。

③自然界中水的流动存在水流的速度变化梯度，即流动速度的差别，有流动速度梯度的水才是流动的活水，没有流动速度梯度的水就是死水一潭；人类社会政治引导的资源流动也存在流动速度梯度，即存在一地一策的多样性，政治活动可对资源流动的速度梯度加以适当调节、管控。

3.4.4 资源流动的管理

1. 人类社会的文明

人类社会资源（包括资源Ⅰ、资源Ⅱ）的流动，除了需要资源主体自身的驱动力，尚需社会的引导、管理，体现为人类社会文明程度的提高。随着人类社会文明程度的提高，尤其是政治文明的进步，针对社会资源流动管理的认识和技能也在日益提高。

人类社会发展的文明包括：

①物质文明：人类社会发展的过程中，所积累、产生的物质系统对人类“三自”水平维持和提高的支持程度。

②非物质文明：人类社会发展的过程中，所积累、产生的非物质系统对人类“三自”水平维持和提高的支持程度。

非物质文明包括：

a. 精神文明。精神领域包括宗教、文化、教育。

b. 政治文明。政治领域包括政治体制、法律体制、政府行政管理和监督体制、民众自主参与和行使权利的体制即民主体制。

2. 资源流动管理的目标

人类社会文明程度的提高体现在资源流动管理的以下几个方面：

(1) 资源和谐流动

①和谐流动。

社会资源以习以为常的，并能产出正常的或者人们尚可接受的成果的方式流动；依靠系统的内部机制和现有边界条件，能够对资源流动运行过程中新出现的变化和问题给予解决、协调、调整，以维持现有系统的稳定运行；通过对现有系统机制和边界条件进行及时有效的调整、平稳变革，实现对新出现的变化和问题的解决、协调、调整，以维持现有系统的稳定运行。

②不和谐流动。

社会运行、资源流动运行过程中出现的变化和问题（矛盾），在现有系统机制内和边界条件下未能及时有效地获得解决、协调、调整，或者在现有系统机制内和边界条件下无法获得调和、解决，从而激发和产生非正常的资源Ⅱ，并逐渐积累直至激发产生要求强制调整系统机制和边界条件的期望和活动，导致资源（包括资源Ⅰ、资源Ⅱ）以非正常、非习以为常的方式、规模流动和消耗。系统资源的这种非正常的流动和消耗，要通过系统的动荡才能找到新的平衡点，或者建立新的运行系统。由于人具有三个本性，因此资源的不和谐流动存在必然性。

（2）政治文明进步

人类社会政治文明的进步，就是社会依靠日趋完善、合理的政治体系和方法来主导或者协助解决系统内的矛盾，维持资源的和谐流动，避免资源的不和谐流动。主要体现在以下方面：

①人权平等。

在人的本性中，没有人权平等的强制性要求，只是在人类社会的发展和活动中，经过无数次的波折、冲突、消耗和损失，人们才逐渐认识到，社会需要依靠政治体系和方法保障人们的基本生存和社会权益的平等，维持社会资源的和谐流动，人类社会才能够和谐、平稳、持续地发展，人们的“三自”水平才有可能可持续地、稳定地提高。

政治文明进步体现在人权平等上，就是利用政治体系和方法，减少和逐渐消除以下不平等：

a. 因种族、地域的不同而产生的人权不平等。

b. 因文化、宗教、信仰的不同而产生的人权不平等。

c. 因家族、血统的不同而产生的人权不平等。

d. 因社会地位、职位的不同而产生的人权不平等。

e. 因拥有财富的多少而产生的人权不平等。

f. 因“三自”水平的高低而产生的人权不平等。

以上不平等如不能在现有系统内和边界条件下协调解决，有可能激发人们产生新的资源Ⅱ，以图改变不平等的现状，即试图改变现有的边界条件，形成、建立能使自我权益获得保障的新边界条件，并为此目的注入资源（包括资源Ⅰ和资源Ⅱ），推动为达以上目的的社会动力方程过程，形成资源相对于前一个社会动力方程过程的不和谐流动，使社会动荡直到找到并建立起新的平衡的系统和边界条件，形成资源的新的和谐流动过程。

②边界条件的设定。

政治文明进步体现在边界条件的设定方面：

a. 减少一些特定的边界条件，这些特定的边界条件强制性地给予一些人权利或者强制性地限制、剥夺一些人的权利，从而扩大人们“三自”水平的差别。

b. 边界条件设定的取向和目标，日趋符合多数人的意愿，体现为日益惠及多数人“三自”水平的提高。如市场经济的法律框架建设，随着政治文明进步而不断改进，日趋人性化，日益惠及更多人，使得差别驱动发展的社会日趋和谐。

c. 使用社会汇聚的公众资源而设定的边界条件和公共资源的投放方向和方式，具有惠民、公开、透明、可监督、可参与（即民主）的特性，从而使得社会资源的汇聚、投放和边界条件的设定具有公众支持性、有效性和可持续性。

3. 差别管理

差别管理是资源流动管理的重要部分。实施差别管理的主体是汇聚了社会的部分资源，并管理、使用、消耗这部分社会公共资源的社会主体，即政府和社会的立法、监督体系。这个主体通过使用社会赋予的权利和使用、消耗汇聚而成的社会公共资源，通过以下措施实施管理：

①立法、修法、执法，即设定、改进、完善社会资源流动的边界条件，并维护边界条件的约束性。

② 通过政府的财政和税收措施，形成对社会资源流动的引导和损益变化的设定和调节。

③ 建立基于社会公共资源的、普惠制的社会保障和福利体系。

差别管理的主体针对差别的存在和状态的管理涉及以下几个方面：

（1）调控差别

①防止、限制差别过小或者过大。

a. 差别过小。

存在的差别过小或者人为地、强制性地限制差别的出现和存在，会减弱资源流动的动力或者导致资源的流动受限、受阻，如同没有流动速度梯度的水，是死水一潭，社会（或者系统）内生的发展动力会因此被抑制、减弱甚至消失，从而影响或者阻碍社会（或者系统）的发展和人们“三自”水平的提高。

差别过小的调控在于，调整一些资源流动的社会因素的损益设置或者解除一些资源流动的限制，使得这些资源流动产生的结果较容易形成对社会发展有益的差别，并进一步激发更多的资源流动。

b. 差别过大。

在自然界和人类社会中，差别形成机制本身通常没有限制差别持续扩大化的机制，而且多是差别形成至差别扩大的正反馈机制，只有借助于所在系统内存在的阻尼，才有可能维持差别在系统内的运行，或者差别持续扩大到跨越阻尼的制约、超出系统的承受极限而导致系统崩溃，并形成新系统。

差别过大的调控在于，利用边界条件的改变、社会因素的损益和阻尼措施的设置和变化，防止和限制差别的无约束扩大，以防止差别大至超出社会的容忍度和引发资源的不和谐流动。社会对差别的容忍度，也会随着社会经济和文化的发展，以及社会保障体系的发展而不同。

过大的差别变化梯度，有可能导致人们改变差别的希望变成绝望，从而抑制人们在希望的驱动下做出改变差别的努力和产生对社会有益的资源Ⅱ，这种状况对社会的发展不利。

过大的差别，有可能导致人们在选择改变差别的路径和方法上的变化，人们在屡试无望的情况下，有可能放弃已有的、常规的改变差别的路径和方法，而选择、试探、尝试非常规的路径和方法，即有可能导致非正常的资源Ⅱ的产生。过大的差别给社会带来的不仅是动力，可能还有动乱，导致社会资源的非和谐流动，其结果对社会的发展未必有利。

②反垄断。

a. 反垄断的社会动因。

垄断的主体利用合法的手段、规则，以及自身资源的优势和对资源流动的控制能力，为了自身利益的最大化而控制资源的流动和抑制其他人对资源的获取，尤其是抑制不利于自身利益的新的资源Ⅱ的产生和扩散（因为这些新的资源Ⅱ有可能改变现有的、对垄断者有利的边界条件），从而导致垄断主体可以不受约束地、无限地扩大有利于自身的差别。最终后果必将对社会的进步和稳定发展不利，导致社会中绝大多数人的现实的和长远的利益受到损害。

b. 反垄断的政治动因。

因垄断而导致的社会资源的流动和产生新资源尤其是产生新的资源Ⅱ的堵塞或停滞，以及伴随的差别扩大化和改变差别的难度增加，有可能成为民众要求改变社会资源引导方式甚至要求变更引导者的诱因。社会资源和社会边界条件、规则的管理和引导者为了自身地位的稳固，以及维持社会资源竞争性流动的需求，会在某些资源流动的过程中，增设一些边界条件，即在一些不断增大的正反馈系统上，增加适当的阻尼和约束，以避免激发系统的共振而导致整个系统损毁，避免导致社会动荡、政治体系崩溃甚至变更。

(2) 保证人们改变差别通道的畅通

差别形成和存在的双方，处于同一个边界条件环境内，有时双方互为边界条件，如果人们改变差别的愿望不能在现有的边界条件环境内、不能通过现有的有可能改变差别的通道和路径来实现，则可能促使人们尝试产生新的、非正常的资源Ⅱ，即通过改变双方共处的现有边界条件环境并提供新的边界条件、新的通道和路径来实现，有可能激发社会资源的非和谐流动。

为了维持、维护社会资源的和谐流动，要保证社会中人们通过努力有可能改变差别的通道和路径的畅通和有效性，即要保证社会的教育、升级、准入门槛的平等、普惠、透明、公开、有效性。

(3) 开展能弱化差别体验的社会活动

由于人的生理、心理因素，人们在一些活动过程中的体验是相近的，不会因各自“三自”水平的差别而导致体验效果也存在较大的差别。

在人类社会中广泛存在有广泛影响力的群体性、团体性活动，例如体育活动，尤其是团队性、竞争性、系列性体育活动，如篮球比赛活动，关注这些活动的人们对于活动的过程和结果有着相近的体验和感受。

要扩大这些社会活动的规模和影响力。人们在社会活动中相近的体验、感受和这些活动体现的平等、公平、公开、稳定、有效的规则，以及人在这些活动中变化的过程，即巨大差别的改变过程，有可能在一定的时间、空间内，调和、缓解、弱化人们对现实生活中存在差别的感觉和敏感度。

3.4.5 差别与等级

1. 人类社会的等级，是通过一些社会强制性的边界条件，固化了差别的形成和存在机制

在存在等级的体系内，为了维护等级的稳定和有效性，体系维护者会有意或者无意地设置一些边界条件，阻碍差别的变化与转变。基于等级的强制性制度，等级制度有可能会给予一些有等级的人或者高等级的人多于自身活动应得的成果或者提高其所得成果对接其

“三自”水平的效用，等级制度也有可能强制性地减少一些无等级或者低等级的人的自身活动应得的成果或者降低他们所得成果对接其“三自”水平的效用。这些都会对欲改变差别的资源流动形成障碍，并对社会资源的流动发出错误的信号和形成错误的引导。

2. **保有差别，淡化等级**

等级制度的存在是社会的必然现象，但等级制度的效用和影响的扩大和泛滥对社会资源的流动有阻碍作用，会降低人们欲改变差别的努力效能，阻碍社会发展动力的释放和增强。因此，社会文明发展的趋势应是保有差别，淡化等级，而不是消灭等级和有等级的人群。

3.5 效　率

3.5.1 社会动力方程中的效率

作为社会动力方程式（3-1）中的传递函数，社会动力方程中的效率是指在社会动力方程的运行过程中，应用资源（包含资源Ⅰ、资源Ⅱ），促使社会动力方程产出人们所期望的成果和回报的逻辑过程、程序过程的运行和方法。适合的、有效的逻辑、程序和方法，能够促成、维持社会动力方程有序、稳定、有效地运行，能够促成所投入资源产出的成果和回报最大化。而能够改进、完善原有的逻辑、程序过程和方法的资源Ⅱ，甚至能够提供新的逻辑、程序过程和方法的资源Ⅱ，能够使得效率——传递函数——的效能倍增。

3.5.2 决定社会动力方程中的效率的因素

①社会动力方程运行的逻辑和程序的适应性和有效性，包括：

a. 社会动力方程运行边界条件的判断与确认的正确性。

有效、适用的逻辑和程序的形成和编制，是建立在对边界条件正确认识和判断基础之上的。人们对边界条件的正确认识和判断的程度是一个逐渐趋近的过程，所以，逻辑和程序的有效性和适用性也是不断完善、不断改进的过程。

b. 社会动力方程运行过程中的组织和分工的合理性。

适用、有效的逻辑和程序，需要与之匹配的、有效的资源配置和执行机制。

c. 作业程序的有效性、日趋完善性，即具有在现有边界条件下能够自我完善的机制。

d. 社会动力方程运行的逻辑和程序调整的灵活性、灵敏性、及时性以及自身的容错能力，即适应边界条件变化的能力和机制。

②社会动力方程运行的效能，包括运行中资源的匹配、消耗，成本、产出率、运行过程和产出成果的质量。

③社会动力方程运行中人的效能因素，包括：

a. 因个人的素质或者文化的因素，影响人们对完成执行程序作业的强迫感、紧迫感、认真性和愿意遵守作业程序的组织性。

b. 参与人员对社会动力方程所涉及的逻辑和程序的编制、执行的素质和能力。

c. 现有边界条件中对限制、影响个人效能释放因素的改良、变更的意识和努力。

3.5.3 效率的边界

社会动力方程中，投入的资源向成果转化的效率不是越高越好，存在效率提高的边界，超限地提高效率，存在效率失速而导致系统崩溃的风险，反而会使社会动力方程的运行受阻、成果受损。

①不能是你死我活地提高效率，要因效率提高而使涉及诸方受益，尤其是各方处于不同的边界条件环境时，否则，在特定的边界条件环境内易生反制，影响社会动力方程的有效运行。

②效率提高的过程中不能大规模地破坏社会动力方程运行所处的生态，包括自然生态、社会生态和人文生态，破坏生态的效率提高是不可持续的，易遭到源自生态的、反破坏社会动力方程运行环境的反制力，有可能得不偿失。

③不能是失去生活性情、情趣的效率提高，不能为了提高效率而提高效率，效率提高的结果要体现在自我“三自”水平的提高上，不能“有时间挣钱，没时间花钱”，否则会影响、抑制向更高“三自”水平的努力，影响创新能力即资源Ⅱ的萌发和成长。

3.6 成果（通货）

成果（通货）作为社会动力方程式（3-1）中的输出函数，是社会动力方程运行的结果，同时，也是成果与通货的对接、成果的分配、成果与“三自”水平对接的过程和结果。而成果与通货的对接、成果的分配、成果与“三自”水平的对接过程，均是在特定的边界条件下，依据一定的逻辑关系、逻辑过程而运行并获得结果的，因此，就有可能产生通过改变这些边界条件和逻辑运行而使得成果的效能倍增的资源Ⅱ，即相同的社会动力方程运行产出相同的成果，而这些成果与通货的对接、成果（通货）与“三自”水平的对接，都可能存在着差异。这也是人类社会的运行远比自然界物质的运行复杂得多的原因所在。

3.6.1 直接成果、间接成果

人们参与社会动力方程的运行并投入各自的资源和努力付出的目的，就是期望社会动力方程的运行能够产出成果，并期望获得、应用这些成果来维持或者提高各自的“三自”水平。

社会动力方程的成果可分为：

1. 直接成果

社会动力方程运行所产出的成果，可以直接由参与社会动力方程运行过程的人们用于各自“三自”水平的维持或者提高。

2. 间接成果——通货

由于人们改变“三自”水平需求的多样性和社会活动成果的多样性，以及满足人们改变“三自”水平需求的成果生产的复杂性和社会分工的精细化，人们各自参与社会动力方程运行过程所获得的直接成果，或者不仅能够满足自用的需求，还可以用来与其他人产出的直接成果交换，以满足各自多样性的需求，或者不能直接用来满足参与者维持或提高“三自”水平的需求，而需要将各自产出的直接成果转换成间接成果——通货。所以，社会动力方程运行的成果通常是以成果能够对接、兑现的通货，即间接成果（通货）的形式来体现和度量，参与者分得的社会动力方程的成果也就表现为所得到的间接成果（通货）；参与者再用获得的通货去交换购买能够满足自身维持或提高“三自”水平需求的其他社会动力方程的直接成果，来实现自己所获得的成果与自身“三自”水平的对接，同时协助其他社会动力方程的直接成果向间接成果（通货）转换。

社会动力方程成果的通货体现形态和流通、交换机制体系为人类社会所特有，这极大地促进了人类社会活动成果的流通、普及、交换，进而大幅促进了人类社会生产力水平及人们“三自”水平的提高。通货只有与其所有者的“三自”水平实施对接，才能够体现出通货对所有者的终极价值，即花出去的钱，才是有用的钱。

社会动力方程成果的通货体现形态，使得人们为了提高各自“三自”水平而参与社会动力方程的活动、努力的过程以及获得的成果，与现实期望的“三自”水平的维持或者提高的体验和过程，可以处在不同的时间领域和空间领域，因此，提高了人们改变各自“三自”水平的选择性和灵活性。同时，因为存在着直接成果与间接成果（通货），通货再与需要的直接成果转换和对接的过程和环节，也就必然存在着所参与的社会动力方程的成果与期望改变自身“三自”水平对接的不确定性和可操控性。

在社会商品充沛和流通顺畅的环境中（边界条件下），拥有有效支付能力的通货是提高自身“三自”水平最便捷和最有效的手段，因此，给人一种“金钱万能”的表象。

通货并不是提高“三自”水平的唯一手段，社会中还存在着其他途径和方法，如通过对资源的占有和控制，行使行政权力划拨、配给等，在这些环境下，直接成果与间接成果（通货）的转换、对接过程和作用将被弱化，或误导发出不正确、不适应不符合真实边界条件的信息，长久实施，未必对社会动力方程的运行和成果的产出有利。

3.6.2 成果（通货）的分配

当有多人协作参与社会动力方程的运行过程时，则社会动力方程的成果（通货）就要在参与者之间依据一定的条件，按比例分配。

影响、决定成果（通货）分配的因素有：

①在特定的社会文化和边界条件环境下，依据参与者在社会动

力方程运行过程中提供的资源的种类、数量比例，依据参与者在社会动力方程中的位置、作用，约定俗成地或者依据、依规来确定各自应获分成果（通货）的比例。

随着社会文化和边界条件的演化和变化，尤其是各种要素对社会动力方程运行及成果产出的重要度和供需关系的变化，在社会动力方程各个环节的参与者约定俗成的分配比例也会逐渐变化。

②依据在社会动力方程中对成果（通货）分配过程中的控制能力和权利，而获得额外的、超常规的成果（通货）分配比例。

人类社会政治文明的进步，能逐渐改变以上两个确定成果（通货）分配比例的边界条件和约定俗成的比例，从而使得人类社会的发展日趋和谐，社会动力方程的运行日趋顺畅。

③通过改变实物与通货、通货与实物交换对接的比价，来间接地改变人们获得的维持或提高“三自”水平的实物数量，从而改变人们获得的社会运行和发展的最终成果的比例。

3.6.3 成果（通货）与维持或提高“三自”水平的对接

1. 直接消费

人们直接消费参与的社会动力方程的成果，用以达到维持或者提高各自“三自”水平的目的。

2. 交换消费

将所参与的社会动力方程的成果转换成通货，以通货为交换工具来度量，交换获得其他社会动力方程的直接成果，用以维持或者提高自己的“三自”水平。

3. **信用消费**

以预期有可能获得的成果为信物（抵押物）而获得通货，用以交换获得维持或者提高自身“三自”水平的实物。

交换消费和信用消费为人类所特有，使得人类社会能够多样性地、超时空地和异地获得满足改变人们“三自”水平需求的实物和成果，从而大大拓展了支撑提升人类“三自”水平的边界条件，扩展了社会动力方程运作的时间和空间，从而增加、丰富了用于满足人类改变“三自”水平需求的成果数量和种类。

3.6.4 成果（通货）的转换

社会动力方程产出的成果，不仅能够用来提高人们的“三自”水平，部分成果（通货）还可以转换成社会动力方程中的其他要素，促使社会动力方程维持或者扩大运行，以产出更多的成果。

1. **直接转换**

将部分成果（通货）直接转换成所参与的社会动力方程中的资源 I 或者效率，以维持或者扩大社会动力方程的运行，以期获得更多的成果或者更高的成果分配比例。

2. **间接转换**

为了将成果作用于“三自”水平的维持或者提高，将部分成果（通货）以流通货币的形式储存起来，再有偿地转由他人转换成其他社会动力方程的资源 I 和效率，进而使得社会上可供维持或提高“三自”水平的成果增加，储存者间接地获得利于维持或提高自身“三自”水平的边界条件。

3.6.5 工作的意义

社会动力方程的直接成果与需要用这些直接成果来满足人们维持或提高“三自”水平需求的通货对接和转换的过程和结果，体现出了社会动力方程参与者工作的意义和价值。

1. **工作的社会价值**

人们参与社会动力方程的目的是产出成果，并通过将直接成果与需求者的通货实施对接和转换而获得通货，并用获得的通货来维持或提高自己的“三自”水平。在一定的边界条件下，即开放、充分竞争、合法合规的条件下，一些人愿意付出自己的通货来购买另一些人提供的产品和服务，用以维持或者提高自身的“三自”水平，这个需求和供给的过程，就体现出了产品和服务的供给者的工作对社会的价值、对需求者的价值，供给者的工作也就获得了社会尊重的自豪感。

2. **工作的社会平等性**

在一定的边界条件下，凡是通过开放、有序、充分竞争、合法合规而存在的，能够为社会提供他人愿意支付自己的通货来购买的、能够满足他人维持或提高“三自”水平需求的产品和服务的工作岗位，对于人们“三自”水平的维持或提高的重要性在本质上都是平等的、不可或缺的，并无高低贵贱之分。人们对此认识的提高和这种环境的建设，有助于促进人们对他人工作的理解和尊重，有助于社会成员平等环境和关系的建立与发展，而这些又将使得社会成员的“三自”水平受益。

3. **小费的意义**

①小费是工作者所获得的不受制于现有分配体系、可自由支配

和分配的一部分劳动收入。

②通过所获小费的数额，工作者可以即时感受到需求者对自己工作质量的满意度评价。

③通过支付小费及其数额的变化可以看出小费支付者对工作者的工作额外的评价和尊重。

第4章

社会动力方程的运作

4.1 社会动力方程的运作结构和人在社会动力方程中的位置和作用

4.1.1 社会动力方程的运作结构

社会动力方程运作结构的建立、运作和过程的维系需要依托于社会资源的流动，即要根植于能够形成有效供给的社会资源流动区域。如图 4-1 所示，社会动力方程的输入端和输出端分别以两个社会资源流动区域为依托、支撑，成为连接这两个社会资源流动区域、完成资源转化的桥梁、通道，社会动力方程如果失去任一端的社会资源区域的支撑，即使自身拥有完备的运行结构、高效的运行效率，也会逐渐失去运行动力，直至“熄火”停止运行。

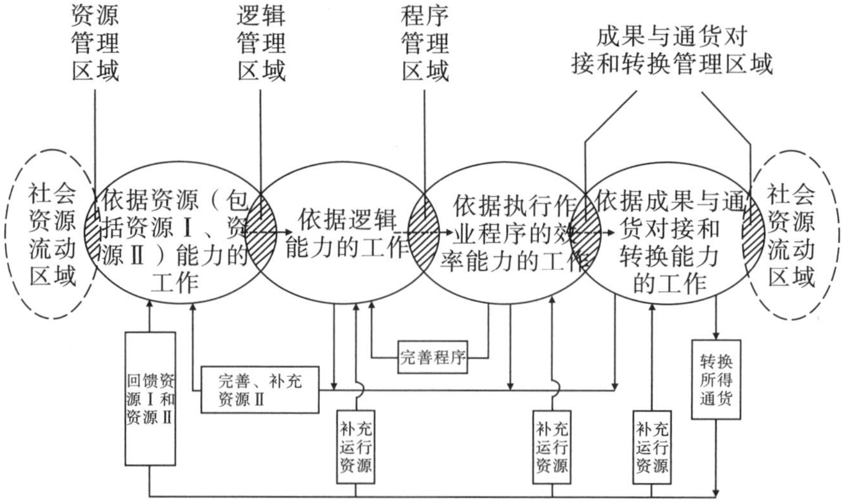

图 4-1 社会动力方程的运作结构和社会动力方程中人的能力和位置分布

社会动力方程的运作结构包含资源管理区域、逻辑管理区域、程序管理区域、成果与通货对接和转换管理区域，区域之间的衔接区域是服务于资源传递、转换的管理区域，是维持社会动力方程持续、有增益地闭环运行的、完善的反馈、回馈通道。

4.1.2　人在社会动力方程中的位置

在社会动力方程的运行过程中，依据各自所拥有的和投入的资源的种类和数量的不同，社会动力方程的参与者将处于不同的位置，发挥不同的作用。

这些能力和位置分别是：

①依据资源（包含资源Ⅰ、资源Ⅱ）能力的工作。

②依据逻辑能力的工作。

③依据执行作业程序的效率能力的工作。

④依据成果与通货对接和转换能力的工作。

一个人在社会动力方程的运行过程中，依据他所拥有的资源和能力，可以专职于一个位置的工作，也可以在不同的时空，转换兼顾其他位置的工作，这种位置的转换与兼顾，通常只能是高位向低位的顺向转换和兼顾。

4.1.3　社会动力方程中处于不同位置和发挥不同作用的人

1. 依据资源能力工作的人

依托于社会资源流动的区域和环境，在社会动力方程的运行过程中，依据资源能力工作的人，通过投入所拥有的或者可供调用的资源，包括资源Ⅰ和资源Ⅱ，启动、维持、推动社会动力方程的运行，通过社会动力方程的运行而产生可用于满足他人维持或提高“三自”水平需求的产品和服务，并希望通过提供这些产品和服务，收取超出投入的回报（通货），以期达到维持或者提高自身“三自”水平的目的。

依据资源能力工作的人，向社会动力方程注入资源，包括资源Ⅰ和资源Ⅱ，并为社会动力方程的运行提供和设定边界条件，他们工作的输出是为社会动力方程的运行提供资源和设定边界条件。

依据资源能力工作的人，必须拥有或者拥有可供调用的资源Ⅰ。因为社会动力方程的运行是一个物质和能量运行的消耗和转换过程，只有投入一定数量的资源Ⅰ，才能够启动、维持、推动社会动力方程的运行。所以，通常向社会动力方程投入资源Ⅰ的人掌握着社会动力方程运行的控制权。

依据资源能力工作的人，可能拥有，也可能没有资源Ⅱ。在社会动力方程中，如果没有有效的资源Ⅱ，就没有增量函数，由于事物运行过程中必然存在损耗和消耗，因此没有增量函数的社会动力方程将以衰减的方式运行，随着循环次数的增加，产出成果的量将逐次减少。由于没有获得更多成果回报的希望，这样的动力方程就不能吸引、激励新的资源Ⅰ的投入，即失去输入端的社会资源流动区域的供给与支撑，则社会动力方程的运行将逐次萎缩，直至停滞。如果社会动力方程运行过程中再遇到挤压、竞争，即额外的阻力和损耗，那么社会动力方程的运行将加速衰减直至停滞、湮灭。

所以，有效的、能够不断完善和持续补充的资源Ⅱ，决定着社会动力方程运行的发展趋势和前途。

依据资源能力工作的人，要具有为了达到自己的目标而为社会动力方程的运行提供和设定边界条件的能力。他们通过向社会动力方程的运行提供资源，包括资源Ⅰ和资源Ⅱ，获得设定边界条件的地位和权利。

提供有效的、满足需求的资源和设定相对稳定、适用的边界条件，是社会动力方程正常运行的基础。社会动力方程运行过程中的统治力就是对资源Ⅰ和资源Ⅱ的拥有、输入和控制的能力，以及对边界条件的设定能力。竞争优势就是利用在一定范围内的对资源Ⅰ和资源Ⅱ的掌控能力和对边界条件的设定能力，使得社会资源流动区域的资源，包括资源Ⅰ和资源Ⅱ，尽可能多、尽可能长时间地向着对己有利的方向和区域流动。

依据人们对资源Ⅰ的拥有权和支配权的大小，一些人可区分为：

①企业主、投资人：拥有属于他们自己的资源Ⅰ，并有权支配属于自己的资源Ⅰ。

②领导者：依据制度安排，拥有较大的支配资源Ⅰ的权利，但这些资源Ⅰ不一定属于他们自己。

③管理者：依据制度安排，拥有有限的支配资源Ⅰ的权利，所支配的资源Ⅰ基本不属于他们自己。

依据产生、拥有资源Ⅱ的多少及对其他人的影响力，一些人可区分为：

①伟大领袖：他们所产生、拥有的资源Ⅱ，能够激发其他人产生许多为共同的目标服务的、新的资源Ⅱ，并且他们能够有效地引导资源，包括资源Ⅰ和资源Ⅱ，向着自己所期望的方向和区域流动。

②领袖：拥有自己产生的资源Ⅱ，自己所产生的资源Ⅱ能够被多数人认同和应用，用以产出各自所期望的成果。

③专家：拥有自己产生的资源Ⅱ，应用自己产生的资源Ⅱ所产出的成果被多数人认同和赞许。

④工作者：拥有较少自己产生的资源Ⅱ，或者没有，主要是注释、解说、传播别人的资源Ⅱ。

在人类社会中，各个领域的人都可以拥有属于自己的资源Ⅰ和资源Ⅱ，并据此开展对己有利的活动。在商业活动中，具有显著特点的是企业活动。

企业家应具备的特点：

①自身拥有资源Ⅰ，或者拥有可供调配的资源Ⅰ，或者两者皆有。

②知道或者能感知到社会资源流动的方向或者将要流动的方向，即能够辨别、判断社会动力方程将要依托建立、运行的社会资源流动区域。

③自身拥有或者知道如何去寻找、识别、获得与自己认定的社会资源流动方向一致的资源Ⅱ。

④敢于投入所拥有的资源Ⅰ和资源Ⅱ，启动或者推动社会动力方程的运行。

⑤具有社会动力方程运行过程的边界条件的设定、掌控和维护能力，并能据此促使社会动力方程产出数量可观的成果。

⑥有能力使得社会动力方程运行所需要的资源Ⅰ和资源Ⅱ不断地获得有效的补充。

⑦有承担社会动力方程运行的风险、压力的能力和胆识。

⑧愿意为社会动力方程的良好运行和产出更多的成果而付出个人的时间和辛劳。

2. 依据逻辑能力工作的人

依据逻辑能力工作的人，通常没有社会动力方程运行所需要的资源，包括资源Ⅰ和资源Ⅱ，也无权改变已经设定的边界条件，只能依据给定的资源，包括资源Ⅰ和资源Ⅱ，以及已经设定的边界条件，运用自身拥有的逻辑能力，产生社会动力方程运行所需要的作业程序，即他们工作的输出是为社会动力方程的运行提供有效的作业程序。在这个过程中，他们可能产生一些新的资源Ⅱ，对原有的资源Ⅱ进行完善和补充。

3. 依据执行作业程序的效率能力工作的人

依据执行作业程序的效率能力工作的人，无权改变社会动力方程运行的作业程序，只能依据作业程序的安排和要求，发挥自身执行作业程序的效率能力，依据作业程序实施社会动力方程运行的资源转换并产出成果，即他们工作的输出是社会动力方程的运行成果。在这个过程中，他们可能会产生可用于完善作业程序的资源Ⅱ，或者可能产生新的资源Ⅱ对原有的资源Ⅱ给予完善、补充。

4. **依据成果与通货对接和转换能力工作的人**

依托于社会动力方程输出端的社会资源流动的区域和环境，依据成果与通货对接和转换能力工作的人，依据社会动力方程运行所产出的成果和自身的能力，将社会动力方程运行产出的成果尽可能快、尽可能多地与成果需求方的维持或提高“三自”水平的需求对接，将社会动力方程运行的成果转换成需求方所支付的通货，即他们工作的输出是由社会动力方程运行的成果转换而成的通货。成果与通货对接和转换的能力，体现在双方的互寻、形成匹配的引导和调整能力方面。在这个对接和转换过程中，他们往往要兼顾社会动力方程的成果方和成果需求方的利益，才能高效地实现成果与通货的对接和转换。

在社会动力方程成果与需求方通货的对接和转换过程中，最容易触摸到真实的、鲜活的边界条件和边界条件的变化，所以也最易产生适应这一端社会资源流动区域的边界条件变化的、新的资源Ⅱ。这些新产生的资源Ⅱ，会对原有社会动力方程的资源Ⅱ进行完善、补充，使得社会动力方程能够更有效地获得输出端的社会资源流动区域的支撑，也可以促使产生、应用新的资源Ⅱ，能够更好地满足这一端社会资源流动区域需求变化的社会动力方程。

社会动力方程运行成果转换所获得的通货，被用于：①补充各区域的运行资源，包括依据约定，支付给各个区域依据各自能力工作的人的通货所得，以用于维持或提高各自“三自”水平。②回馈社会动力方程所投入的资源Ⅰ和资源Ⅱ。

在以上基础之上，社会动力方程的运行得以维持或者扩大。

4.1.4 社会动力方程运行过程中的管理区域

在社会动力方程的运行过程中，依据不同资源和能力工作的人们，在不同的区域内工作，即在资源管理区域、逻辑管理区域、程序管理区域、成果与通货对接和转换管理区域工作。这 4 个区域在社会动力方程的运行过程中依次排列、有序运行，在区域与区域的结合处存在着区域之间相互接触与衔接的区域，即形成了区域的交叠区域。在这个交叠区域中，存在着代表上一级区域的利益和要求，并面向下一级区域的资源传递和管理，如图 4-1 所示。

1. 管理区域的划分

（1）资源管理区域

这一区域的管理者是源自社会资源而形成的资源方的代表，他们的管理职责是以资源方的资源、社会资源和社会的边界条件为依据，寻觅、汇集与投入社会动力方程运行所需的资源，设定所投入资源的回报目标，以及社会动力方程运行过程边界条件的设定和管理。

（2）逻辑管理区域

这个区域的管理者代表的是资源方的利益和权威，他们的管理职责是在社会动力方程运行过程中按计划投放和管理资源、维护和执行已设定的边界条件，以及推动逻辑工作的进程和作业程序的形成。

（3）程序管理区域

这个区域的管理者代表的是逻辑方的利益和权威，他们的管理职责是推动、协调作业程序的正常运行、维护和完善，促使社会动力方程的成果能够依据程序高效地产出。

(4) 成果与通货对接和转换管理区域

这个区域的管理者是成果产出方，即社会动力方程的利益代表，他们要兼顾成果产出方和成果需求方的利益。他们的管理职责是寻找、协调、形成供需双方的利益平衡点，组织实施对社会动力方程运行最有利、最有效的方式，促进成果与通货的对接和转换。

2. 管理者的品级

各区域的管理者代表着上一级作业区域的利益，依据其管理职责对下一级作业区域的作业流程、工作者的绩效和绩效的升级，进行支持、指导、督促。管理者的工作效能品级可区分为：

三品：管理者指导下属作业，下属依据指导的路径、程序完成工作和升级。

二品：管理者引导下属作业，下属依据引导的方向和逻辑完成工作和升级。

一品：管理者激发下属作业，促使下属产生对完成作业有益的、属于自己的资源Ⅱ，进而完成工作和升级。

4.1.5 人从社会动力方程中获得的运行资源和回报

1. 决定运行资源和回报分配差别和不平等的因素

在社会动力方程的运行过程中，依据资源能力、逻辑能力、执行作业程序的效率能力、成果与通货对接和转换能力工作的人们，在社会动力方程的运行中所投入的资源不同，所处的位置和工作方式不同，发挥作用的重要度、紧迫度、稀缺度不同，必然导致在获得的社会动力方程的运行资源、成果回报的分配比例和数量上存在着差别和不平等。

决定这种差别和不平等程度的因素有：

①在社会动力方程运行中的控制权和支配权。拥有社会动力方程运行的控制权和支配权，就有权决定在各个运行环节需要投入的运行资源数量，以及为了维持、扩大社会动力方程的运行，在各环节、部门需要再投入的资源量。

②自身投入资源的多少。依据所投入资源的数量，按已有的边界条件约定、规定的比例和范围，获得运行资源和成果回报的分配比例和数量。

③自身工作的位置和作用的重要性。

④自身资源的供求关系和紧迫度。

⑤工作的效率和效果。

2. 社会政治文明发展和进步的作用

人类社会政治文明的发展和进步，对于人们获得运行资源和成果回报的差别和不平等，具有调整、改善和完善作用。

①逐渐全面地、有效地承认并保护人在社会中的人权平等。

②为社会动力方程的运行提供稳定、可预知的边界条件，形成社会动力方程可长远、可持续运行的边界条件，降低社会动力方程运行的社会成本。

③逐渐认识并保护人在社会中形成的差别，以及社会动力方程运行过程中人的地位、能力和作用的差别，并使得这种差别维持在对社会有益、社会可以接受或者尚可容忍的程度范围内。因为这种差别的存在和维持对社会动力方程的运行乃至对人类社会的发展和进步都是有益的。

④社会资源的流向日趋合理，资源准入的门槛及社会公共资源的获得、占有和使用的程序和结果日趋公平、公开、公正。

社会动力方程中所有参与者所获得的成果和回报的数量和比例，不仅取决于他们各自投入的资源和工作所产出的能够用于满足他人

“三自”水平提高需求的成果的价值，还取决于社会资源流动的方式和方向。社会资源流动的方向和资源流动的门槛的高低、障碍的大小，决定着他们的社会动力方程成果与需求方通货的对接和转换是超值还是贬值。

社会动力方程中所有参与者所获得的成果和回报的数量和比例，还取决于该社会动力方程运行过程中对社会公共资源的占有量及转化量。社会政治文明的进步，就是能够促使社会资源朝日趋惠及社会上多数人的方向流动，减少各种影响社会资源流动和占用的特权性门槛和障碍，使社会公共资源的占用和转化日趋公平、公开、合理。

4.1.6 人员位置在社会动力方程中的升级

依据个人在社会动力方程运行过程中的投入、努力、积累，人员在社会动力方程中的位置存在着逐步升级的可能，也存在着因社会动力方程运行的变化，被社会动力方程排除参与的可能。

1. 独立、独当一面的工作能力

独立、独当一面的工作能力是指：

①依据作业的目的、要求，自己寻找所需要的资源，包括资源Ⅰ和资源Ⅱ。

②逐步摸索、建立与社会动力方程运行要求相符的自我作业的程序和流程。

③完成作业，达到作业的目的和要求，取得较好的成果。

2. 人员在社会动力方程中的位置的升级

在社会动力方程的运行中，社会动力方程的作业程序是最易发生规模和流程变化的部分。因此，依据执行作业程序的效率能力工作的人员最易因社会动力方程运行过程的变化而被抛弃，即被裁员；依据执行作业程序的效率能力工作的人员，在作业的过程中，通过观察、积累、实施而逐渐具有在社会动力方程中依据逻辑工作的能力，则在社会动力方程的作业程序的变化过程中，社会动力方程可能会选择留用依据逻辑能力工作的人员；如果在社会动力方程中，依据效率、逻辑能力工作的人员，具有或逐渐产生了对社会动力方程运行有益的资源，尤其是资源Ⅱ，因为一些资源Ⅱ在短期内是不易被替代的，而一些资源Ⅰ包括人则更易被替代，所以社会动力方程为了留住资源Ⅱ及其产出者和载体，还有可能采取“特别挽留措施”，以防止其离开。参与社会动力方程运行的作业人员的位置，逐步实现由效率位置向逻辑位置、向资源位置的升级。这是能够有效避免作业人员在社会动力方程运行的中途被裁掉（即“中年职业危机”）的手段，而不是仅仅在于“听话，能够完成本职工作”。

4.2 社会动力方程的运行流层

4.2.1 社会动力方程运行经过的4个流层

社会动力方程运行从资源的投入直至产出成果的全过程中，资源的投入、流动、传递、转化的过程和路径，自上而下需要经过社会动力方程运行的4个流层，即意识流层、资源（资本）流层、现金流层和物质流层，如图4-2所示。

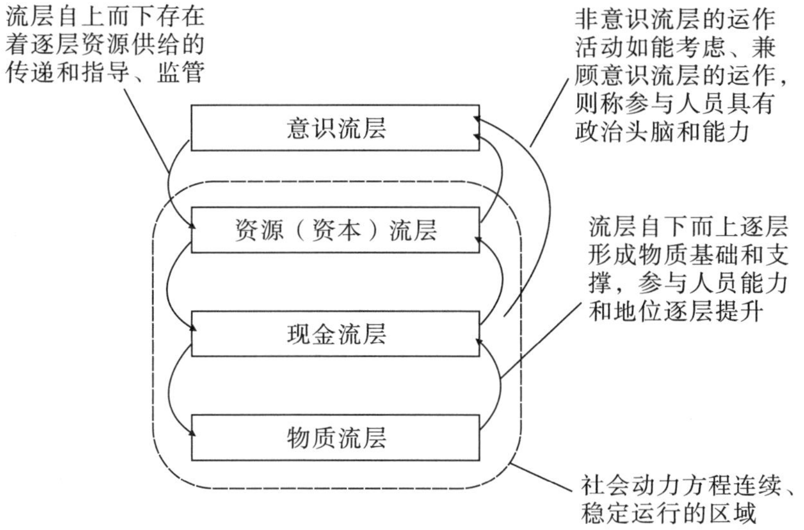

图 4-2　社会动力方程运行的 4 个流层

1. **意识流层**

意识流层的运作活动，是建议、引导和决定资源流动和配置的方向，以及配置的领域。

2. **资源（资本）流层**

资源（资本）流层的运作活动，是在确定的资源流动方向和配置领域内，决定、实施资源（资本）的流动和配置的次第、数量和范围。

3. **现金流层**

现金流层的工作，是在已配置的、确定的资源（资本）的数量和流动范围内，依据已设定的边界条件，参与维护、维持资源（资本）的有序的、有益的运转活动过程，并计收资源投入的回报。

4. 物质流层

物质流层的工作，是资源（资本）以物质载体的形态，按规定的程序流动，维持、维护物质载体按既定程序流动和转化，并产出期望的成果。

社会动力方程运行的4个流层之间，存在着自上而下的、逐层的指导、引导、设定边界条件、监管、资源供给的传递的关系。同时，也存在着自下而上的、逐层形成物质基础和支撑的关系。人在社会动力方程运行过程中的能力和位置，通常也是自下而上地实现逐层提升的过程。在社会动力方程的运行过程中，在非意识流层区域工作的人，如果能够考虑、兼顾意识流层的问题和需求，则通常被视为具有政治头脑和能力。

4.2.2 4个流层的运作和参与者

1. 意识流层的运作和参与者

意识是针对特定的现实存在和信息环境，通过体验、教化、暗示等，形成对特定的边界条件的认知，并认定一些特定的逻辑因果关系的存在，以及形成需要执行、改变的一些因素，以期获得想要的逻辑因果关系和运行结果的冲动和努力。

意识产生的基础是人的欲望的启蒙与冲动，人工智能没有自己的欲望，因而不能产生自我的意识，只能按照人类赋予的意识、人类设定的算法、人类给出的边界条件去工作，并得出结果。

（1）运作形式和特点

在意识流层，参与者通过自己的工作、努力和投入或者所拥有的权利，或者通过产生新的资源Ⅱ，倡导、引导资源（资本）向着所希望的方向和领域流动和配置。

当意识流层所倡导和希望的资源流动方向和结果对多数人或者绝大多数人的“三自”水平的提高有益时，则这些对资源流动方向的倡导、引导和希望的意识，就能够得到社会上众多资源的响应和追随，能够发挥引导众多社会资源流动的作用和效果，即意识流层引导资源的流动要与道相合。

意识流层这种对资源流动方向的倡导和引导，较注重的是资源流动的方向和配置的领域，而不太在意其引导的资源的流动数量和配置数量。

当意识流层倡导和引导形成的资源流动方向、方式，与现时的、习以为常的资源流动方向、方式相比较，发生显著变化，并有可能产出新的结果时，多会造成社会动力方程运行过程中的不连续点，即社会动力方程的运行过程在此时多出现拐点或者折点。这种意识流层倡导、引导的资源流动方向、方式和结果发生改变、转变，有可能使社会动力方程的运行过程出现拐点或者折点的意识流层的运作，通常要冒着冲撞、冒犯当时既有道德的风险。为了使社会资源流动更加顺应、符合自然和人类社会的变化和发展趋势，为了社会上多数人的“三自”水平的提高，即为了社会资源流动顺道而行，总有人愿意尝试、从事冒犯当时既有道德、有可能促使正在运行的社会动力方程过程形成拐点或者折点的意识流层的活动和工作，即不懈地寻道。人类社会的发展和进步过程及社会动力方程的运行过程，就是由众多的不连续点（拐点、折点）和它们之间的连续过程组成的，每一个不连续点，都是社会动力方程运行调整、修正的位置和区域，也是社会动力方程下一个连续运行过程的开始点。由于资源流动的方向、方式发生了改变，因此社会动力方程的运行过程和结果也将发生改变。在事物运行的过程中，存在发生运行方向调整、变化的折点、拐点是正常的，也是健康的、必然的。

人类社会政治活动中的政治意识引导的特点是，有意识、有纲领、有组织、有效果要求地组织实施社会资源流动的引导活动，确保达到意识引导、促成资源向着希望的方向流动并产生希望的效果的目标。

（2）投入和回报

意识流层的投入者，希望通过自己的投入和努力，能够引导资源向着希望的、自认为合理的和必要的方向流动，并从中获益。由于引导资源朝希望的方向流动与产生实际收益之间存在时间差和不确定性，因此意识流层的投入者，通常并不看重短期的、确定的或者自身能够体验到的回报和“三自”水平的提高，这也常常导致投入与自身能够体验到的回报和“三自”水平的提高不成比例。意识流层的投入者，希望看到的是更广泛、更长远的回报，更多人“三自”水平的提高，否则投入就不会起到引导资源流动并产生效果和回报的作用。

意识流层典型的投入形式有：

①奉献。为了能够达到倡导、引导资源朝希望的方向流动的目的，不计较或者不过分在乎投入与获得之间的比例。

②慈善。通过投入资源，希望社会资源和边界条件朝自认为好的方向流动和发展。

③牺牲。包括自我部分时间的牺牲，部分生活、生命质量的牺牲，甚至自我全部时间——生命——的牺牲。自我部分时间的牺牲包括参与公益活动。

（3）场所和环境

意识流层活动的运行，需要在开放、自由、活跃的环境和氛围中，逐渐形成意识流向的共识，从而达到引导资源流向的目的。在共识的形成过程中，需要民主协商、诉求表达、媒体传递及文化活动发挥重要作用。

人类社会的发展，形成了意识形成、意识推广、意识执行和意识维护的体系、文化、组织和资源，这种在人类社会发展过程中发挥重要作用并不断提升的意识引导能力，为人类社会所特有。

(4) 主导参与者及优者

主导参与者：政治活动家、政党、政府、狂人、极少数科学家、极少数社会学家、极少数艺术家、极少数决策者和领导者。

参与者中的优者：能够产生新的资源Ⅱ，倡导、引导社会资源以新的方向、方式流动，并且这种倡导和引导会逐渐得到社会资源的广泛响应和追随，产生日益惠及多数人“三自”水平提高的较好的社会效果。

意识流层的优者，称为“圣人”。

社会中的圣人又有真圣人与伪圣人之分：

真圣人：自己产生资源Ⅱ，并能够形成引导对社会上多数人有益的资源流动的意识流。

伪圣人：从别处寻来、拿来资源Ⅱ，也能形成一定程度的引导资源流动的意识流。

2. 资源（资本）流层的运作和参与者

(1) 运作形式和特点

在资源（资本）流层，参与者的工作是，在已确定的资源流动方向和配置领域内，通过资源（资本）的调动，在适当的时机，将适当种类的、确定数量的资源（资本）配置在已认定的方向和领域。

在资源（资本）流层，资源（资本）的调动和配置过程，更多关注资源（资本）在希望的方向和领域内投入和配置的数量、比例、种类，而不太在意资源（资本）短期的运营收益和回报。

(2) 投入和回报

在资源（资本）流层的投入是所拥有的和能调动、支配的资源（资本），通过资源（资本）的流动、投入和配置的有效性和效率而获得收益。

(3) 场所和环境

现代人类社会中能够进行大规模的、有影响力的资源（资本）

流动和配置操作的、集中的和典型的场所是社会上的资本和要素市场。

资本和要素市场通过以下方式实现资源（资本）的流动和配置。

①场内资本配置。

依据一定的规程，调动场内外的资本，流入场内认为需要配置并有利可图的领域、企业或者要素，流出认为需要减少配置或者不再值得配置的领域、企业或者要素。在市场内，通过场内企业的运营获得回报，或者企业资产价格的变化，或者两者兼而有之的形式，或者要素价格的变化，体现出资本流动和配置的效率和收益；而场内资产价格、要素价格的夸张的、具有投机性的差别、变化和波动，也同时刺激、激发着场内资本在它们之间的流动和配置。

②对场外资源、资本的流动和配置的引导和示范。

通过场内资本流动和配置收益的表现和示范作用，包括夸张的资产价格和要素价格的差别体现和波动，激活、引导、推动着场外资源、资本流向和配置到相同或者相似的领域、企业、要素，以期获得同样或者可比拟的可观的收益。场内资源、资本的流动和配置的效果对场外资源、资本的流动和配置的影响和引导，是资本和要素市场推动社会资源流动的重要功效之一。

③流动性配置和分配。

在场内资本的流动和配置过程中，由于资产价格、要素价格的差别、变化和波动，一些参与者的资产增值、赚钱，而另一些参与者的资产贬值、赔钱，在场内形成了参与者之间的资源、资本的流动性配置和分配。这种流动性配置和分配的效果，对资源（资本）流层操作的损益有夸大和放大的作用，同时，也参与、体现社会资源和成果的配置和分配。

资本市场的参与者，主要是靠在资本流动和配置的过程中，通过资产价格的变化和波动而赚钱或者赔钱，而不是主要依靠所配置企业的现金流来获取收益。

(4) 激发社会资源大规模流动的因素

当社会需要或者正在进行重大的资源重新配置时，资本市场易形成牛市，即社会需要流动和配置的资源的交易意向和交易量显著增强和增加，被聚焦的资产价格变化和波动的幅度显著增大，易形成资源、资本的大规模流动。当一段时间内无须或者看不到所需资源的流向和配置发生较大变化时，则易形成熊市，即流动和配置资本的交易意向降低，资本流动的变化量减少、交易量减少，资产价格变化减小，前期因资源、资本大规模激情流动而形成的资产价格泡沫会逐渐消退，资产的价格趋于走低。

人类社会中能够引发社会资源、资本的流向和配置发生重大变化，能够激起资源、资本大规模激情流动的诱因有：

①重大技术进步。

当人类社会产生有可能对多数人“三自”水平的提高有较大贡献的重大技术进步时，人类社会需要通过社会资源、资本的流动和配置，来推广和实施这一技术进步。一些人能够洞察、认识到这种资源、资本流动和配置的需求趋势并参与其中，通过推动、参与这种资源、资本的流动和配置过程而获益，同时，他们获益的示范效应又引导、推动着场内、场外的资源、资本朝着有益于推动技术进步的方向和领域流动和配置。

②社会变革和进步。

当社会发生较重大的变革和进步时，易形成与这些变革和进步相适应的、相一致的新边界条件和新的文化现象，这些新的边界条件和文化现象影响、引导着人们对“三自”水平的要求和追求。当人们对各自的“三自”水平有了新的认识和要求时，需要社会资源的流动和配置发生相应的变化，以配合这些社会变革和进步，满足人们对“三自”水平的新要求。

③社会发展成果分配的变化。

当社会发展成果累积到一定数量，并超出现有常规的分配方式和渠道的分配能力时，资本市场会通过资产价格变化和波动的方式，将资源和成果在参与者之间进行再分配。

资本和要素市场属资源（资本）流层，市场内的资产价格和要素价格的变化，是反映资本流动和配置的方向、意愿和冲动的结果，所以，这种资产价格和要素价格变化的结果，要领先于现实经济层面（现金流层和物质流层）的表现和运行的结果。

（5）主导参与者及优者

主导参与者：少数先锋型企业家、少数资本投资家、少数经济学家、政府的财税政策。

参与者中的优者：拥有一定的资源，尤其是拥有杰出的洞察资源流向和趋势的能力，拥有杰出的发动、调动、操作资源流动和配置的能力，通过实施资源的有效配置和组合而获得显著的收益。

资源（资本）流层的优者，称为有能量的人，即能人。

3. 现金流层的运作和参与者

（1）运作形式和特点

在现金流层，参与者的工作是，在规定的资源数量和配置领域内，推动资源、资本在规定的区域和边界条件内，依据一定的规程，以通货和现金的形态有序、有益地流动，并计收回报。

在现金流层，参与者非常在意资源、资本流动的效率和收益。

（2）投入和回报

在现金流层，参与者的资源或者可支配的资源，以现金和现金购买的确定的实物形态投入收益可知、可测、稳定的具体项目中，依靠现金在项目中有序、有效运行而获得通货形态的回报；或者，参与者以自身的知识和付出，参与、维持、促进现金在项目中有序、有效运行而获得通货形态的回报。

（3）场所和环境

现金流层主要在经济活动的营运管理中运行，要求有明确的边界条件、运行范围、相应的规程，使资源流动和转化以有保证、有约束、有序、有效益的方式运行。

(4) 主导参与者及优者

主导参与者：企业主、银行、经济学家、职业经理人、企业运营管理人员。

参与者中的优者：能使资本在规定的项目中高效、有序、依规运行，并能促使运行成果最大化和收益最大化，即知道怎样高效赚钱。

现金流层的优者，称为精明的人。

4. 物质流层

(1) 运作形式和特点

在物质流层，资源以相应的物质形态，依据相应的程序流动、运行和转化，并产出依据程序运行要求应得到的、对人们的“三自”水平有益的物质成果。

物质流层非常在意资源、资本以物质形态运行的效率、结果和品质。

(2) 投入和回报

物质流层的参与者通过投入自己个人的能力（包括体力和知识）和作业效率的付出，促进、维持、维护资源、资本的物质形态依据程序的要求和安排运行、转化，并产出满足品质要求的物质成果，参与者依据参与度和付出的多少而收取通货形态的回报。

(3) 场所和环境

物质流层多在能够实现资源以物质的形态进行流动和转化的企业内部运行，在企业内部有相应的边界条件和运行程序来保证其运行的持续、高效和产出成果。

(4) 主导参与者及优者

主导参与者：企业物质生产过程中的参与者、工程技术人员、生产人员。

参与者中的优者：知道如何利用、发挥自身的能力做事，并能够高效地理解、执行作业程序，完成作业。

物质流层的优者，称为勤奋的人。

4.2.3 社会动力方程运行中杰出的人和团队

1. 参与者能力和绩效的分级

社会动力方程运行中，各个流层的参与者通过投入自己的资源和努力，推动、促进、维持、维护社会动力方程的运行，并促使社会动力方程的运行产出成果。参与者会因社会动力方程的有效运行并产出成果而获得通货形态的回报，用以维持或者提高自身的“三自”水平。

各个流层的参与者，可以只参与社会动力方程某一个流层的运作，也可以在不同的时空，参与社会动力方程多个流层的运作。多个流层运作的参与者，其参与的流层梯次通常是向下兼顾。

各个流层的参与者，随着年龄、阅历、经验、资源的增长，参与社会动力方程各流层运作的能力会逐渐提高，参与社会动力方程运作流层的位置和地位也会有向上提升的趋势和要求。

在社会动力方程各个流层运作的参与者中，都存在着该流层的杰出参与者，即优者。有些人或者团队是参与的社会动力方程某个流层运作中的优者，有些人或者团队在参与或者参与过的社会动力方程的多个流层的运作中皆是优者。参与社会动力方程的单个或者多个流层运作中的优者，所获得的成就、回报以及社会给予的认可程度各不同。图 4-3 显示出参与社会动力方程运行的单个或者多个流层的优者的成就和社会对他们的认可程度的差别。在社会的各个领域中，都可能产生各自领域的相应流层的优者，都可能产生某个领域的伟人。

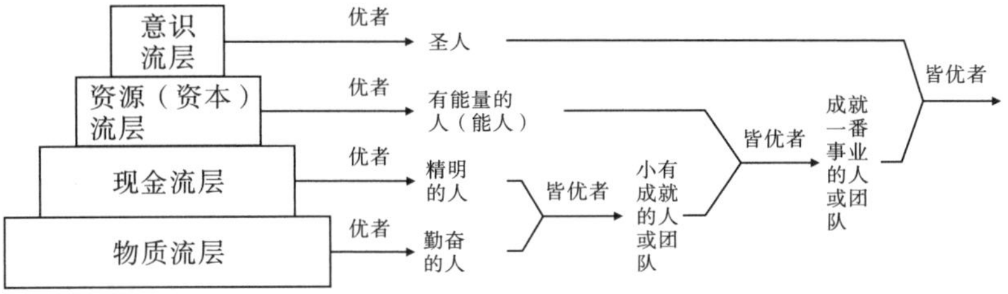

图 4-3　4 个流层参与者中的优者分类

2. **杰出参与者的局限性**

有能力在参与的或者参与过的社会动力方程的单个或者多个或者各个流层的运作中成为优者或者皆优者的杰出参与者，所取得的杰出成就是在特定的社会动力方程运行过程中，在特定的边界条件下形成和获得的。当参与的社会动力方程不同或者社会动力方程运行的边界条件发生变化时，他们的能力也需要随之发展和变化；否则，他们仅是在特定的社会动力方程运行中的优者或者是历史上的优者，即好汉不提当年勇，需要与时俱进。

4.3　产出创新成果、创新产品能力的五线谱及对应的企业分类

人类社会经过努力，产出能够满足人们改变“三自”水平需求的创新产品，需要经历一个产出能力发展的五线谱过程，而具有不同谱线能力的，由企业运行的社会动力方程形成的，能够产出、供给创新产品的企业，也对应着其在社会创新地位中的分类级别。

4.3.1　产出创新成果、创新产品能力的五线谱

①一线能力：探索、发现新的原理、新的机理、新的构造，形成新的技术发展的可能性方向、目标；成果多出自大学、非营利性研究机构、极少数的闲人。这些主体具有足够的资源和时间，几乎无生存压力，无须带着完成任务的压迫感和紧迫感去工作；这些主体具有多样性选择、研究、探索未知的自主自由、能力、时间、空间，主体内具有广泛的文化“三性”，即文化多样性、包容性和容错性。

②二线能力：依据一线产出的成果、理论，依据自身的研究、开发资源，发展、形成、完善技术路线，逐步实现技术可行性，形成产品、技术的发明成果。

③三线能力：将二线形成的技术路线、技术成果，依据自身的工艺技术实现能力，落实为可实施、可应用、可生产的产品。

④四线能力：对三线实现的产品，依据自身的效率、成本、品质控制能力，完善产品生产的工艺，做好产品成本控制、质量控制，产出具有市场地位的、可推广的、市场可接受的产品。

⑤五线能力：依据自身的产品推广、销售、售后服务、售后信息反馈和采用能力，实现、促成创新产品与购买者的货币和“三自”水平的对接，并能够获得、处理购买者对创新产品的反馈信息，促进创新产品的迭代发展。

4.3.2　具有相关谱线能力的企业分类

创新五线谱能力及企业分类如图 4-4 所示。

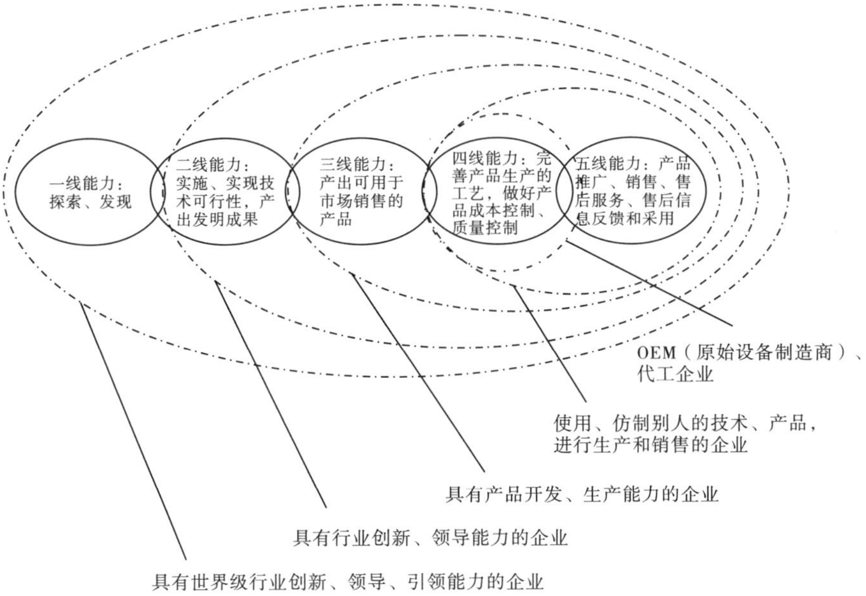

图 4-4　创新五线谱能力及企业分类

①具有全部五线谱能力的企业，是具有世界级行业创新、领导、引领能力和市场地位的企业。这些企业有能力、有资源长时间、持续、大范围地资助相当数量的具有一线能力的大学、研究机构的科学家，并与其合作，从事宽泛的研究；企业有能力研究、开发出创新产品，产出用户满意的、不断迭代发展的创新产品。

②具有二线至五线能力的企业，是具有行业领导地位，有能力研究、开发出具有领先水平的创新产品，并形成销售的企业。

③具有三线至五线能力的企业，是具有市场已有的、较领先的产品开发、生产能力，并形成销售的企业。

④具有四线至五线能力的企业，是具有使用、仿制别人的技术、产品而生产出产品的能力，并形成销售的企业。

⑤仅具有四线能力的企业，是仅具有按照要求实现产品的加工、生产、交付能力的企业，如 OEM、代工企业。

第 1 类、第 2 类企业，由于资助、依据最新的科学技术成果，开发、生产能大幅提高人们“三自”水平、受市场欢迎的创新产品，产品具有较高的技术门槛和先发优势，以及拥有产品在制造链的利润分配的决定权，因而这两类企业能获得较高的新产品利润红利，因而有能力继续提升一线、二线能力，循环往复地为企业的发展形成正反馈，也更易获得从知识产权到产业链配置的产品和市场的垄断能力。

第5章

社会动力方程运行的评价

5.1 成　功

5.1.1　成功的内涵

1. 成功内涵的界定

个人或者团队通过启动、推动、参与社会动力方程的运行而获得可持续成功的内涵为：

在一定的边界条件环境下，依据一定的资源Ⅰ，通过产生属于自己的资源Ⅱ，释放出自我的效率，通过所参与的社会动力方程的有效运行而获得回报，使得自我的“三自”水平有明显的提高、与周边相比较有明显差别的提高，同时能够对所投入的资源Ⅰ、资源Ⅱ和效率形成正向的回馈，使之具有可持续性。

2. 成功的主体需要具备的要素

参与社会动力方程的运行而获得成功的主体（包括个人或者团队）需要具备的要素有：

①能够感知、认识到真实的、鲜活的边界条件。

②拥有或者能够寻找到一定数量的资源Ⅰ。

③为达到目标和获得希望的成果能够产生或者寻找到相应的资源Ⅱ。

④愿意为达到目标和获得希望的成果而付出努力和辛劳，要有作业效率。

⑤有能力推动、维持社会动力方程顺畅运行。

⑥获得的社会动力方程运行成果，不仅能够正向回馈所投入的

资源Ⅰ、资源Ⅱ和效率，而且能够使参与者直接感受到自身“三自”水平的明显提高，从而对社会动力方程的可持续运行形成正向激励。

3. 不能够称其为成功的过程

①因获得了偶得性的资源（资金），自己的“三自”水平获得明显的提高，不能够称其为成功。

②当消耗的资源Ⅰ和资源Ⅱ大于回报收入的资源，社会动力方程的运行日见衰减时，则不成功。

③除了消耗自己所能够合法支配的资源外，还要消耗甚至非法占有其他人的、社会的资源，来维持、提高自己的“三自”水平，也不能够称其为成功。当对其他人和社会的资源的获取和占用行为，突破社会的边界条件、规则的约束时，则可能是犯罪。

5.1.2 成功的路线图

图 5-1 为成功的路线图和晋级过程。

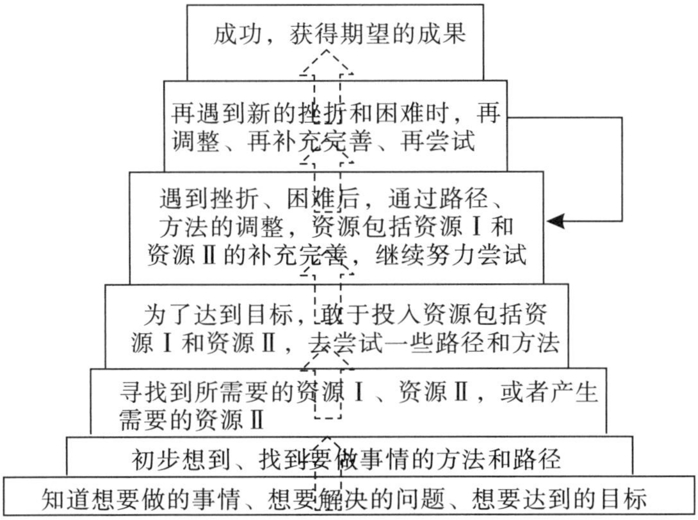

图 5-1 成功的路线图和晋级过程

5.1.3 成功的核心要素

1. 获得成功的核心要素

获得成功的核心要素在于，为了达到能够显著提高自身“三自”水平的目的，产生或者寻找到有效的资源Ⅱ，并与资源Ⅰ结合，进而启动、推动社会动力方程运行，并产生可用于提高自身“三自”水平的成果回报。

2. 穷人与富人获得成功的差别

穷人与富人各自所处的“三自”水平状态不同，各自取得能够获得成功的核心要素的重点和难点则各不相同，获得成功的路径也不相同，如图 5-2 所示。

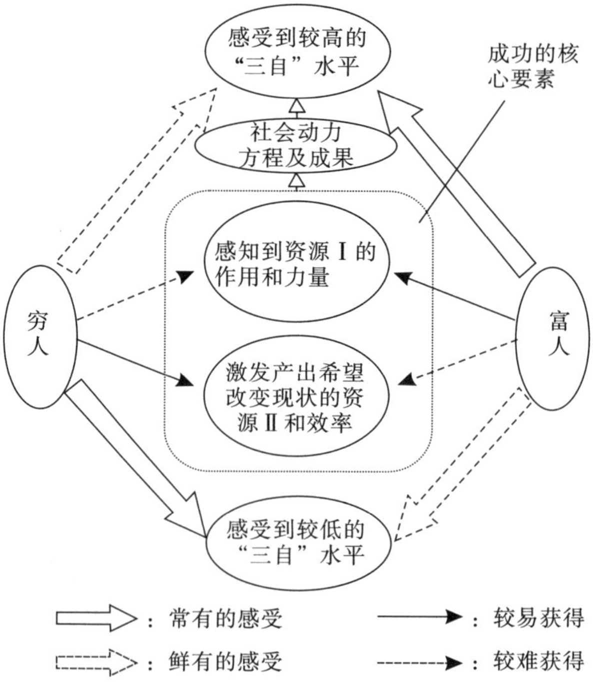

图 5-2 穷人和富人成功的核心要素和获取特点

（1）穷人的特点

穷人通常感受到的是较低的“三自”水平，在人们的“三自”水平差别能够获得有效、显著展现的环境中，穷人较容易因差别的存在而激发产生希望改变现状的资源Ⅱ和效率。穷人由于条件所限，较难感知、认识到资源Ⅰ的作用和力量，较难获得能够使所产生的资源Ⅱ发展成为有效的资源Ⅱ并与资源Ⅰ结合的机会。

（2）富人的特点

富人通常感受到的是较高的“三自”水平，因而有较多的机会感知、预测到人们“三自”水平提高的方向和区域，有较多的机会感知、认识到资源Ⅰ的作用和力量，也容易被所拥有的资源Ⅰ的作用和力量所迷惑和误导。富人所处的较高“三自”水平环境较难激发产生希望改变现状的资源Ⅱ和效率。

（3）穷人的路径与富人的路径

穷人争取成功的路径是由下至上的，通常感受到较低的“三自”水平，容易接触到、了解到真实的、鲜活的社会边界条件，经激发而产生希望改变自身“三自”水平现状的资源Ⅱ和效率，通过积累、寻求并与资源Ⅰ结合，而启动、推动、参与社会动力方程的运行，通过社会动力方程的有效运行并产出成果回报，从而使自己逐渐获得较高的“三自”水平。

富人成功的路径是由上而下的，为了维持或者进一步提高已有的“三自”水平，需要了解、感知真实的、鲜活的边界条件，并寻找或者产生需要的资源Ⅱ，与已有的或者较容易获得的资源Ⅰ结合，从而推动社会动力方程的运行或者新建社会动力方程并使其运行，运行产生的成果用于维持或者进一步提高自己的“三自”水平。

当富人不主动寻找或者无法寻找到，或者不能产生社会动力方程运行所需要的新的资源Ⅱ，仅靠现有的资源Ⅰ来维持社会动力方程的运行和较高的“三自”水平时，由于社会必然存在的阻尼和竞争，其社会动力方程将是衰减型运行，即所谓“富不过三代”。

相比较而言，富人更容易获得成功，即他们的“三自”水平较容易获得进一步的提高，因为富人已有较多的资源Ⅰ，而且更容易识别到人们“三自”水平提高的方向，即资源将要流向的方向和区域，只需要产生、寻找、获得所需要的资源Ⅱ，就有可能推动社会动力方程的运行或者新建社会动力方程并使其运行，产出更多的成果回报，使自己的“三自”水平得以维持或者进一步提高；而穷人则是资源Ⅰ、资源Ⅱ都缺，还需要认知资源Ⅰ的作用和力量。

人类社会中通过人们的努力和成功，一些穷人的“三自”水平不断地、相对地或者绝对地获得提高，一些富人的“三自”水平因各种因素，尤其是缺少与时俱进的资源Ⅱ，而相对地或者绝对地下降，形成了人类社会中穷人与富人阶层的循环与更替。

（4）穷人的努力

不可否认，社会上存在着穷人群体和富人群体，两个群体的感受、所处的环境、所拥有的资源是不同的，面对成功的核心要素，穷人和富人各有各的强项和弱项，谁都没有必然会成功的把握。穷人除了坚持勤劳、努力，发挥自身较高效率的特长外，还要注重以下要素的作用：

①要看一看、感受、认知一些较高的“三自”水平。“享受”未必是贬义词，不会享受、不敢享受的人，如何能开发出他人为了提高自身的“三自”水平而愿花钱购买的创新产品？过度强调省吃俭用的族群，不可能产生大量的、能够提高他人的“三自”水平的创新的、消费升级的资源Ⅱ。因此，不仅要学会挣钱，还要学会花钱，要走出去，多看看。

②要努力认识到资源Ⅰ的作用和力量。不要轻信“提钱都俗”，在资源的掌控权、股权、利益方面一定要有自己的规划和坚守的底线；不仅要相信有聪明的人存在，还要相信有聪明的钱存在，信息

不对称是必然存在的，要留意、关注资源Ⅰ的流向，“春江水暖鸭先知”。

在人类社会中，如果多数人不能够通过正常的、和谐的路径和方式获得所希望的成功，则可能激发产生多数人认可的、愿意去尝试的新的资源Ⅱ，即人们力争通过改变现有的边界条件、规则，以对现时而言可能是非正常的、非和谐的路径和方式，来争取获得成功并提高自己的“三自”水平。这种情况的出现也能形成人类社会穷人阶层与富人阶层的循环与更替。

人类社会发展过程中的科技进步和政治文明进步，逐渐降低人们通过自己的努力获得成功的成本和门槛，能够让更多的人通过自己的努力获得“三自”水平的相对的或绝对的提高。

5.1.4 心态、格局、情商

同样是拥有相当资源的富人，有些人事业持续发展，有些人则日渐式微；同样是勤劳、肯吃苦的穷人，有些人能够逐渐发达富有，有些人则只能长期维持现状；同样是受过良好教育、拥有较好发展机会和前景的人，有些人能够快速升级进步，有些人则进步缓慢。以上两类对比人群之间的行为结果的差别，大概率是受到个人三个素养、特质差别——心态、格局、情商——的影响。

1. 心态

好的心态在于：

①能够客观、坦然、合理地面对、处理各种资源禀赋、边界条件和信息及其变化，避免在自我行为过程中增加一些不必要的、有可能增加阻力的虚拟边界条件。

②具有心态平和、泰然处理各种应急、突发事件的定力。

③具有面对困难、挫折、逆境自我调节心态的能力。

④能够在现有的资源和边界条件环境内恰当经营，即“既来之，则安之”，逐渐积累对己、对他人有益的资源（包括资源Ⅰ和资源Ⅱ），以利再图他谋。

2. 格局

好的格局在于：

①能够关注到更广泛的边界条件、资源的存在，关注到多样性利益诉求的存在和变化趋势，即能看到大资源，能看到大范围内的大边界条件及相应的逻辑运行，而不是仅识小资源，仅局限于小范围内的边界条件及相应的逻辑运行。

②具有洞察、理解、判断资源流向及变化趋势的能力，即具有识道的能力。

3. 情商

好的情商在于：

①对边界条件、资源客观、合理存在的理解，能够洞察、尊重、理解他人的诉求。

②对周围的资源包括资源Ⅰ和资源Ⅱ具有亲和力，能与周围的资源形成有益的互动，与他人建立良好的合作、协作关系，乐于降低他人及自我成功的成本。

在同一时空内，从以上三点发出的线段（做出的努力），才有可能围出有效的面积，即获得显著的成效；从任意一点或任意两点发出的线段，无论多长，都不可能围出有效的面积，即不可能取得显著的成效。

5.2 社会动力方程参与主体的评价

5.2.1 评价要素

社会动力方程运行所产出结果的质与量以及参与者所获得回报的质与量，都与参与主体在社会动力方程的运行中，在资源Ⅰ、资源Ⅱ、效率、回报（通货）诸要素方面所具有的能力相关。

这些能力包括自身拥有的这些要素的实力，以及在社会动力方程运行的过程中和范围内，对于非自身拥有但对社会动力方程的运行结果有影响的这些要素的控制力和影响力。

要素及要素的控制力和影响力：

1. 资源Ⅰ

①自有资源Ⅰ：自身拥有属于自己的资源Ⅰ。

②资源Ⅰ的控制力和影响力：对于非自有资源Ⅰ的获取能力和其流动方向是否对己有利的控制力和影响力。

2. 资源Ⅱ

①自有资源Ⅱ：自身产生的资源Ⅱ的数量和质量。

②资源Ⅱ的控制力和影响力：对其他参与主体产生的资源Ⅱ的数量、质量和流动方向的控制力和影响力。

3. 效率

①自身效率：自己能够发挥作用的效率。

②效率的控制力和影响力：对有可能影响到自身结果的他人的效率发挥作用的控制力和影响力，即资本的输出和产生的外包活动。

4. **回报（通货）**

①自有回报：自己获得的回报（通货）。

②回报的控制力和影响力：对成果与通货的对接，以及通货与所需成果对接的时间和空间（比值）的控制力和影响力，对通货的流向、流量的控制力和影响力。

5.2.2 美元的循环与世界范围的资源流动

1. **美国能够超发美元的基础及运作机理**

每当美国的社会、经济出现危机和困难的时候，美联储都会实施大范围的量化宽松政策，超发供给大量看似无实物支撑的美元货币给美国政府、财政部和企业，而美国政府更是将这些超量增发美元中的相当部分直接发放给公民用于消费。这种在其他国家看似不可持续、不敢使用的扶危救困措施，美国则是屡试不爽、颇为有效，背后的原因绝不仅仅是美元拥有的霸权地位，美联储和美国政府这些作为的效果，是在努力地维护美国的社会生态和文化生态的稳定和持续，这种社会生态和文化生态能够为美国长出“摇钱树”，这些“摇钱树”能够结出大量的、附有高额利润的金果实——创新的资源Ⅱ和创新的资源Ⅱ支撑的产品。这些创新的资源Ⅱ及其支撑的产品包括但不限于：科学技术的创新、新产品的创新、产品生产技术和设备的创新、消费产品和模式的创新、文化的创新、艺术的创新、武器技术的创新、投资类型的创新等，以及用创新的技术高效产出的传统产品，如页岩油气和农产品等。

这种能够长出可以结出高利润金果实的“摇钱树”的社会生态

和文化生态的特征在于：

①社会广泛认同的个人平等权利及权利的维护，广泛认可的边界条件和规则的平等约束，使人们能够心态平和地、认真地做自我认为有价值的事。

②边界条件、规则的清晰性、确定性、可预期性、开放性，利于人们资源投放的规划和风险的评估、把控，以及提供社会动力方程稳定、持续运行的环境。

③资源包括资源Ⅰ和资源Ⅱ的产权确认、自由自主的使用权支配权及权利的保护（包括知识产权的保护）。资源的这些特性有利于人们持续、稳定地持有资源，让人们敢于投入资源做自己想做的事，并能够确认自我的权利和利益的边界在哪里，利于社会多样性的形成和维持，利于各类创新资源Ⅱ的产生。

④利于人们敢于投入资源，为维持、提升自我的“三自”水平，为产生新的资源Ⅱ，从事多样性的尝试，即体现文化的“三性”：多样性、包容性、容错性。

这种能够长出“摇钱树”，并产出高利润创新成果的生态，对世界范围内的资源和人员有着很强的吸引力，而优质资源和人员的不断补充流入，又对这种生态的运行维持和产生形成正反馈效应，成果的高利润支撑对应的高回报、高收入，对世界上的优质资源和人员产生很强的虹吸效应。

2. 美元的循环推动世界范围内的资源流动

①美国民众用获得的美元购买世界上其他国家利用本国资源和效率生产的、出口到美国的、廉价的商品，则大量的美元流出美国。如果这些流出的美元不能再流回美国，美联储为维持社会的货币使用量，就要再增发货币以保证货币数量的供给，这才是不可持续的。

②美国“摇钱树”结出的创新果实，是许多国家需要，并且愿意或者不得不用美元支付购买的商品，这些商品可以满足这些国家

正常运作和生产、消费升级的需求。这些国家及其民众通过使用依据本国的资源和效率生产的、出口到美国的产品而获得的美元，来购买美国生产的创新产品和技术产品、文化产品、投资品、武器、创新赋予其竞争力的传统产品等，将美国消费者购买进口产品流出的美元，再以美国创新产品的生产者获得高利润结果的形式流回美国。

③美国通过售卖本国生产者生产的竞争力强的创新产品，来获得高利润从而获得流回美国的美元，这些美元再通过美国国内市场的运行，通过美国为各级生产者提供的差异化、多样化的服务和消费、投资增值等各种渠道，再回流、渗透到提供这些服务和支撑社会生态、文化生态的各阶层民众手中。

这种由美国国内发行的美元，通过与其他国家利用世界范围内的资源、效率生产出来的、提供给美国的产品的交换而流出，再以美国生产的产品获得高利润的方式与流出的美元进行交换流回美国，流回美国的美元再由国内市场运行，分配到各阶层民众手中，从而完成美元与其他国家的资源和效率的交换流动。

其他国家手中的美元与美国生产的产品以美国获得高利润结果的交换流动、美元国内市场的交换流动，这种以美国自产的创新成果——资源Ⅱ——为支撑而生产的产品最终获得高利润结果的美元的内外循环，使得美联储超发的、看似无实物支撑的美元货币，实现“合法化、合理化的信用预支兑现”。

美国所特有的并不断努力加强、力争保持领先的一些强制、强力的手段，就是在为保持美元的这种循环运行的持续性提供有力的保障。

如果美国民众手中持有的美元不能够满足其需求，没有大量、品种丰富、廉价的商品可供其购买，则持续超发的美元就可能引发通胀；如果美国生产的产品不能快速、有效、有高利润回报地销售出去，或因其他国家的发展，购买美国产品的意愿降低而使美国的产品逐渐失去竞争优势，或因某些因素美国限制自己产品的售卖，或者未能制造出有利于美国各类产品销售、推销的场景事态，则会影响美元回流美国通道的畅通和回流的数量，进而会影响美国国内市场的美元流通和供给。长此以往，达到足够的规模，美国国内的生产和经济增长就会受到影响而滞缓，美联储的“预支效应”就难以兑现。如果以上两种情景同时出现、相互叠加，则将可能发生滞胀。

第6章

社会动力方程与道德

6.1 社会动力方程与道德的联系

6.1.1 道德

人类社会的道德概念，是由道与德两个概念组合而成的。

1. 道

道是客观存在的，是宇宙、自然界、人类社会具有的本质的特性、固有的本性、存在的边界条件和运行规律及运行结果的集合，这些本质的特性、固有的本性及存在的边界条件和运行规律，是由与其相关的所有要素各自运行、协调运行、相互影响、循环转换、互为边界条件而规定和限定的，而不同的要素、边界条件对运行及运行结果有着各自不同的作用影响概率。道随要素、边界条件的演化而演化。

道是在一定的边界条件下，社会动力方程运行的过程和其结果必然要遵守的、要趋近的规律和趋势。这些规律和趋势必然要日趋体现出：与自然所固有的定律、规律、变化趋势相符、相容，与社会的发展规律和趋势相符、相容，与社会中多数人的“三自”水平的利益、要求、追求相符、相容，即能够持续运行的社会动力方程要顺道、与道相合。社会动力方程的运行过程和结果，对于人们对道的认知、道的形成与演化又有着推动和促进作用，即“道可道，非常道”。

在道的概念和约束中，人们的客观成分占多数。

2. 德

德是人们对于在社会群体活动中，逐渐形成的、认为与所认知的道相符的、习以为常的或者尚可接受的边界条件和边界条件环境的认知、认可和维护的理念、行为、文化。

人类社会发展的不同时期存在的文化、宗教、边界条件对当时的道的认知、德的形成和维持有着重要的作用。

在德的概念和约束中，人们的主观成分较多。

3. 道德观

(1) 道与德

人类社会中德的存在与演化须依附于、顺应于当时认知的道的存在与演化，形成即时的道德观，道所包含的要素和边界条件演变了，则依附于对道的认知、与道伴生的德也要随之演变。德随道的演变可能会存在一些滞后，甚至会因对道演变认知的滞后、利益的冲突，而形成短期抗拒相关演变的反制，但终归德要随道势而行，否则，在旧德约束下的社会动力方程和资源会或快速地或持续衰减地运行直至湮灭。社会发展的必然趋势是人们为了自身的利益，必然会让旧德亡、新德生，即世界潮流浩浩荡荡，顺之者昌，逆之者亡。

(2) 认可的道德观

在人类社会中，得到人们认可的道德观是，社会动力方程的运行过程和趋势与已知的自然定律相符、相容，在人们习以为常的或者尚可接受的边界条件下运行，社会动力方程运行的方向、趋势和产生的结果，对多数人来说有益或者尚可接受，并可持续。

不同时期的文化和政治文明的发展程度，对认可的道德观的形成和维持，或者变更与突破，都有着重要的作用。

4. 道理

①道理是人们对道和德的理解、解释和描述。

②理是人们依据特有的文化传承、当时的条件和环境、掌握的资源、认知水平，依据自身的需求，对道与德的描述，并以此而设定的逻辑和逻辑方向与结果的约束。

③道理的描述、约束合道，道理才有存在的时间、空间和可持续性。

④随着人类社会的进步和变化，社会环境、资源、认知水平、自我意识的觉醒，都在不断变化、演进，道理也一定是在不断的覆盖、迭代过程中演化进步，正所谓“长江后浪推前浪”。

⑤与规则形成的约束相比，道理形成的约束和客观性较弱，道理发挥作用的过程中，往往会形成、依赖一个最终的解释权，易被人为地引导、诱导，这进一步减弱了其发挥作用的客观性。

⑥人类社会的行为约束边界条件的发展趋势是，规则、道理、文化的约束并存，规则约束为重。

6.1.2 寻道、顺道、得道、得道多助

道是客观存在的，但要得道，则有个寻道、顺道、得道的过程，不存在坐等得道多助。

1. 寻道

寻道的过程就是敢于投入资源、勇于探索和实践的过程，包括学习认知的实践，坐而论道是不可能得到真道的。探索和实践的过程包括：

①开放。通过开放，接受各种新的信息，学习各种新的知识，接触各类事物，形成新的认知，从而有助于了解、探索、认知自然

界、事物、人文发展的规律、规则，人们的需求及变化趋势，有助于在实践中做出正确的判断、决策，跟上时代潮流。

②沟通。人们的沟通，有利于各种信息的交换、互鉴，了解各方的关切和需求，有助于了解、认知资源的流向及资源的投入方向和领域。

③合作。通过合作，有助于认知真实的边界条件及事物的运行规律和要则，认清各方的利益诉求，兼顾各方的利益，从而与周边资源形成良性的协调互动，汇入资源流动的主流。

2. 顺道

顺应、敬畏边界条件、规则的约束及变化趋势，顺应资源流动的趋势及变化，顺势而为，不能逆道而行。

3. 得道

对边界条件、规则及其变化趋势，对资源的流动趋势，对人们“三自”水平的期望，都有较为准确的认知和把握，因而具有运用、调动、发动资源的能力。

4. 得道多助

当人们推动、参与的社会动力方程的运行方向、发展趋势和结果与自然的固有定律和变化趋势相符，与社会的发展趋势相符，既合外道，并且对于多数人的“三自”水平的维持、提高有益，又符内道时，则会吸引更多的人通过投入、转换自己所能掌控的资源，参与、推动、加快这一寻道、顺道并得道的社会动力方程的运行，以期获得更多对己有益的成果。由于有日益增多的人们的资源投入、参与、转换，因此这一既遵循外道又与内道共振，即得天时、地利、人和的大道之势，不断获得新的资源补给与充实，所期待的成果的获得呈现出提早化、扩大化和显现化的效应和结果，即形成得道多助，我行正道，正道助我之势。

反之，人们投入参与的资源则日见其少，所推动的社会动力方程的运行趋势和成果则日见其微，即失道寡助。

6.1.3 小赢靠智、中赢靠德、大赢靠道

1. 小赢靠智

运用一定范围内的知识和逻辑能力，机智、及时地把控一时的信息、资源和机遇，获得成果和利益。

2. 中赢靠德

基于对社会动力方程运行的边界条件和资源的有深度的认知，会合理地处理、运用周边的边界条件和资源，逐渐积累对己有利的边界条件和资源，获得成果和利益。

3. 大赢靠道

基于对社会动力方程运行的天地运行、变化之规律、大趋势，众人的人心所向、所求的悟道理解，运行的社会动力方程的成果对多数、稳定的人们的“三自”水平的维持、提高有益，因而能有效地吸引、汇集、使用更广泛的资源，并对资源的流动有所引导，形成对运行的社会动力方程有益的边界条件环境和资源条件，形成行天下之大道、得道多助之势，从而获得更广泛的、可持续的成果和利益。

6.1.4 道与善

善，体现为人们愿意理解的、向往和希望的行为和意愿。

道，体现为要顺应自然的固有定律、规律和变化趋势，社会的发展规律和趋势，包含因多数人向往而形成的发展趋势和过程。在人们寻道和依道而行的努力过程中，可能会包含一些人们短期内不愿接受的过程和现象，但道势所趋，仍要依道而行。

所以，企业家、军事家、政治家行事的属性和特征是寻道、依道而行，而不是行慈善。

6.2 道德的变迁

6.2.1 道德变迁的形式和影响

在现有社会动力方程的运行过程中，当一些参与者不满足于社会动力方程的运行方式、运行趋势、运行成果及成果分配的比例和方式时，有可能会产生一些新的资源Ⅱ，即提供、设定社会动力方程运行的新的边界条件，试图形成社会动力方程新的运行趋势和规律，并产出新的成果和成果分配。如果新的社会动力方程的趋势、规律在新的、更高的层次上与自然的定律和变化趋势相符，与社会的发展规律和趋势相符，并且产出的成果对多数人的“三自”水平有益并可持续，那么随着社会动力方程的运行和成果的推广，将逐渐形成人们逐渐认可和接受的、与社会动力方程新的趋势和规律相匹配的边界条件和行为，从而形成道德的变迁。

在社会动力方程的运行过程中，在社会动力方程中占据主导地位的资源Ⅰ（因为资源Ⅰ可以决定社会动力方程的启动和中止或者终止），为了自身利益的最大化，会利用自己的主导地位，驱动和鞭策社会动力方程其他各个环节和要素的运行，并会努力使自身能够占有的成果最大化，即资本是要“吃人”的。这种试图将占有成果最大化的意识和行动，对于实施并得利者而言，结果具有正反馈的冲动和效应，而不受约束、缺少阻尼的正反馈过程最终有可能导致社会动力方程运行过程的不稳定或者崩溃。

要阻止这种利用自身优势地位而占有成果的无限制的扩大化，只能依据边界条件的约束、阻尼作用。而能够起到约束、阻尼作用的边界条件的改进、完善、升级，要依仗于人类社会政治文明的进步，即要依仗于社会政治文明进步而产生的道德变迁。社会政治文明进步活动推动的社会道德变迁的趋势必然要日趋惠及更多人的利益，这样才能够使得社会动力方程在稳定的、可预测的边界条件环境内运行，从而使得更多的人，包括社会动力方程运行的各参与方，从社会动力方程的运行和成果中长期、稳定地受益，也会在社会中进一步确认和巩固政治文明的进步活动和其成果。

6. 2. 2　道德的风险和阻碍

当社会动力方程以新的形式、趋势和规律运行，或者产出新的成果时，因可能存在与现有的运行模式、利益分配方式、边界条件的冲突和碰撞，有可能面临冲撞、冒犯现有道德的风险，可能存在着源自对现有道德的认识和维护的阻力和阻碍。

道德的衡量和评价标准不是一成不变的。

6. 3　古人哲学与社会动力方程

在人类社会的发展过程中，人们通过对自然界和人类社会的现象和变化规律的观察、思考、实践、实验，产生、发展出了许多试图反映、揭示自然界和人类社会事物运行和发展的现象和规律的哲学学说。

6.3.1 “道生一，一生二，二生三，三生万物”与社会动力方程运行的对应关系

我国历史上的著名哲学家老子在他的《道德经》中对于自然事物发生、发展的规律和趋势有“道生一，一生二，二生三，三生万物”① 的理解和表述。这些对事物运行机理、规律的理解和表述与社会动力方程运行的对应关系可这样解释：

1. **道生一**

道生一中的“道”是指客观事物固有的运行规律、趋势及内在的必然联系和因果关系；“生”为诸多因素在特定的边界条件环境下相互作用而生出的特定的需求和时机；“一”对应为顺应事物发展规律和趋势之道，以及在特定的边界条件环境下，为满足特定需求而应运、应时而生的社会动力方程及社会动力方程运行的规律和趋势。

道生一，就是在特定的边界条件下，产生满足特定需求的社会动力方程，而且社会动力方程的运行过程和趋势，只有逐渐趋近、逐渐符合在特定边界条件下的客观事物内在的、固有的规律和变化趋势，逐渐地对在特定边界条件下的多数人的“三自”水平的维持、提高有益，寻道并依道而行，社会动力方程的存在和运行才能够得到资源包括资源Ⅰ和资源Ⅱ的供给和补充，才能够稳定、有增益、可持续地运行。

这“一”所对应的社会动力方程，因道而生、得道方有生

① 王弼、楼宇烈：《老子道德经注校释》，中华书局，2008。

（升）。反之，若推动的社会动力方程无道或者逆道而行，由于得不到自然的固有定律的响应和支撑也不能与其相容，得不到资源的可持续的有效供给和补充，社会动力方程运行资源的消耗与供给必将失衡，社会动力方程及运行趋势或快速地或衰减式湮灭。

2. 一生二

一生二中的“一”对应社会动力方程，“二”（阴、阳）分别对应资源Ⅰ和资源Ⅱ。

一生二，只有在特定的社会动力方程这个“一”的存在和运行过程中，才会催生出、显现出满足社会动力方程运行所需要的、特定的资源Ⅰ和资源Ⅱ的需求，也只有参与、满足了特定的社会动力方程运行需求的资源Ⅰ和资源Ⅱ，才会产生、体现出其存在的价值，才能称其为有价值的资源Ⅰ和资源Ⅱ，即其方才获生。有社会动力方程运行的要求，才有可能吸引其需要的资源Ⅰ的投入，才有可能激发产生需要的资源Ⅱ。

3. 二生三

二生三中的“二”分别对应社会动力方程和资源，资源包括资源Ⅰ和资源Ⅱ；“三”则对应社会动力方程中的效率。

二生三，有社会动力方程的运行和资源Ⅰ、资源Ⅱ的存在和投入，就会产生对效率的需求，以推动社会动力方程的运行产出成果；特定边界条件下的社会动力方程和资源，为特定的效率发挥作用提供了特定的生存和发展的平台、时间和空间，即“时势造英雄，各领风骚”。

4. 三生万物

三生万物中的“三”分别对应社会动力方程、资源Ⅰ和资源Ⅱ、效率，“万物”则对应社会动力方程运行产出的多样性的成果。

三生万物，以上三者的结合，可以形成不同种类、不同运行类型和模式、多样性的社会动力方程和其运行过程，从而可以产出万种不同的结果，以应对、满足多样性的需求。

6.3.2 多样性应对、适配不确定性——“道法自然”

何为“道法自然”？以多样性应对、适配宇宙、自然界、人类社会的不确定性，进而形成自然的、多样性的选择过程和结果，即“道法自然”。

现时存在的多样性的世界，是以往的多样性应对、适配不确定性过程的历史结果遗存。多样性的存在和运行也是道的一部分。

事物运行的起始、过程及结果的不确定性，是在事物的起始、运行过程中，尚无法确定影响事物发生、运行的边界条件及其变化，尚无法相当准确地认知、确定事物的运行规律及产出各种结果的对应概率，尚无法确定人为因素的作用领域、时点和效果，尚无法确定各种可能发生的概率的变化方向和趋势。事物运行的不确定性是客观存在的、永恒的，事物运行产出多样性的结果也是客观存在的、永恒的。缺少多样性的事物是不可能长期存在的，因为边界条件的变化而引起的不确定性是永恒的。

事物多样性运行的存在，易显现、识别出在特定边界条件下，事物运行可能存在的最优解或者恰当解，以及运行过程中可能出现的坑及警示，有利于事物以资源供给可持续、事物运行过程可持续的方向、方式运行，并寻求各自的最优解或者恰当解，或者可接受的成果，从而形成“道法自然”。

人类社会的“道法自然”——多样性（diversity）应对、适配不确定性（uncertainty），应具有以下特征：

1. 多样性与产权

资源产权的多样性是多样性能够存在的基础。

人类社会产权的多样性，包括产权的个体和个体的产权的确定性、多样性和保护性。当人们面对需要解决、需要探索、需要尝试的不确定性事物时，人们需要投入资源去进行各种不同方向、方式的尝试、探索，需要投入资源探索、尝试设定一些特定的边界条件，让事物的不确定性因素、成分降低，确定性因素、成分提高，将事物的运行及结果逐步纳入可接受的确定概率范围内。而多样性的产权资源的存在，使得各种资源向不确定区域的流动具有自主化，资源流动的熵（entropy）可降至最低，利于形成多样性应对、适配不确定性的努力、路径和结果的存在。

2. 多样性与自由

资源的自由流动，是实现多样性存在的必要条件。

多样性的资源包括资源Ⅰ和资源Ⅱ的所有权的确认和保护，以及自由支配使用的权利的确认和保护，是运用多样性的资源应对、适配不确定性，并产出多样性的成果，即实现“道法自然”的充要条件。

如果社会中存在以一些看似合理、有希望的理由和理论，通过一些强制性的手段和边界条件，长期限制人们的选择权，长期限制人们合法、合理拥有个人资源的权利，以及合法、合理自主支配使用个人资源的权利，将增加个人通过自身的选择、努力和自身效率的发挥，以及产出资源Ⅱ，而获得更多资源以提高自身“三自”水平的成本和难度，对社会而言，是限制了社会中多样性的存在和迭代发展，必然阻碍社会的发展。

3. 多样性与资源Ⅱ

多样性是大量产生资源Ⅱ的根基和沃土。

大量产生的资源Ⅱ必然源自大量多样性的努力、尝试、试错、竞争。

4. 多样性与合道

多样性的存在、努力、选择方向的推进，应与道相合。

合道的多样性的活动行为和结果，才是可持续的存在，才能形成不断迭代、向前推进的多样性成果。

多样性资源产权的确定性、保护性，多样性产权资源的自由、自主使用支配权利和保护，多样性运行合道的适者生存，由多样性的竞争而实现与边界条件环境的不确定性和需求的不确定性的适配，是人类社会能够大量产生资源Ⅱ，能够应对、适配自然界和人类社会的各种不确定性、各种需求的不确定性，推动人类社会快速、健康发展，人们的“三自”水平不断提高，形成丰富多彩的多样性的世界和成果的充要条件和基础，是人类社会特有的社会特征，此乃人类社会的“道法自然”。

天地玄黄，有道无常。

第7章

边界条件与逻辑

社会动力方程的运行过程是在一定的边界条件环境内，以一定的逻辑方向和路径运行，并产出成果。社会动力方程运行过程产出的成果，也可以被用来改变、完善已有的运行边界条件和逻辑。

7.1 边界条件

7.1.1 边界条件的概念

1. 边界条件的内涵

边界条件是在事物的运行、变化过程中，参与其中并对事物的变化、运行的逻辑运行过程和结果有支撑、约束作用和有影响力的条件和因素。

2. 边界条件的类型

（1）显性边界条件

显性边界条件是在事物的逻辑运行之前或者运行过程中，能够比较容易地观察到、感受到其存在和发挥作用的边界条件。

（2）隐性边界条件

隐性边界条件是指在事物的逻辑运行过程中，通过激发、激活才会显现和发挥作用并影响逻辑运行的过程和结果的边界条件。

（3）可变边界条件

在事物的逻辑运行过程中，有些边界条件不是一成不变的，随着逻辑过程的发展和运行，一些边界条件存在着适量调整和变化的范围。

(4) 可转变边界条件

在事物的发展过程中，尤其是人类社会事物的发展过程中，因为人类具有为了自身“三自”水平的利益而改变资源流向的能力，某些边界条件会随着过程的推进和发展，发挥的作用大小和影响力的方向，会因人的主动的因素而发生转变甚至逆转。

(5) 虚拟边界条件

虚拟边界条件是在人类社会的事物运行过程中，人们依据现有的，能够观察到、接触到的边界条件，兼顾外界（他人）提供的边界条件（多数可能是真实的），依据现已具有的逻辑关系和逻辑过程推理，在特定的条件、特定的心理状态下，人们认为有很大可能存在的边界条件。

虚拟边界条件由多种因素相互投射而产生，有可能真实存在，也有很大可能不存在或者存在的可能性很小，或者其对事物的运行和发展产生的支撑和约束作用并不如想象中的大，虚拟边界条件的存在和发挥的作用，存在不确定性，虚拟边界条件存在的可能性和发挥的效用，随着边界条件的变化而变化。

虚拟边界条件同样对事物的逻辑运行过程和结果有着约束力和影响力。能够提供虚拟边界条件并认同虚拟边界条件及其作用结果的存在，是人类思维和社会活动的重要特色，人类的社会活动中有相当多的内容及资源消耗，是努力让他人形成对己有利的虚拟边界条件，同时要辨别、判断对己有影响的虚拟边界条件的存在可能性和作用效能。当人们不能或者不敢去辨别、判断、验证虚拟边界条件的真实存在性和真实效用时，虚拟边界条件就有可能成为人们认识和行为中的“识障”“心魔”。

3. 边界条件的多样性

客观事物存在的多样性和人类社会文化的多样性，使得支持、获得相似逻辑过程和结果的边界条件具有多样性，以及人们对边界条件的认识、确认方法和路径也存在着多样性，从而使得获得相似逻辑结果的逻辑过程和路线具有多样性。

获得相似逻辑结果的边界条件的多样性，为人们为了自身“三自”水平的提高而产生新的、多样性的资源Ⅱ提供了可能性和空间。

4. 边界条件环境

边界条件环境是指与某些特定的事物运行的逻辑过程有关的、对逻辑的过程和结果可能产生影响的一些边界条件的组合或者集合。

7.1.2 边界条件的获得

人类社会事物的运行过程和运行结果，都是建立在一定的边界条件之上的，人们通常通过下列途径认知边界条件。

1. 认知

通过传授、学习和文化的传播、传承，对边界条件的存在和功能有所认知和了解。

2. 感知

（1）主动感知

为了某个逻辑过程和目的的需要，主动寻找、接触、了解、认识与之相关的边界条件。

（2）被动感知

在逻辑的运行过程中，被动地触及、识别、认识一些边界条件的存在和效用。这类边界条件往往是最真实、鲜活和准确的边界条件，对逻辑过程的运行有着关键的作用，即“实践出真知”。因此，在逻辑的运行过程中，要敢于投入资源运行、推进，要保持足够的警觉与开放，以免错过被动感知、认知一些边界条件存在和效用的机会。

认知和主动感知边界条件的方法，能在逻辑过程开始前对所处的、所需要的、所要经过的边界条件有所认识和了解，同时，先期的认知也容易受到所了解到的边界条件的约束和束缚，要在逻辑的运行过程中不断地予以修正、调整；同时接触、接受、认知、处理逻辑运行过程中才会出现的、被动感知的边界条件。

7.2 逻 辑

7.2.1 逻辑的概念

1. 逻辑的内涵

逻辑是人或者动物针对一些边界条件的了解、认知、确认、判断，依据一定的因果关系知识和经验的处理和认定，通过主观上的判断和推理，形成得出的或者主观推动的，认为事物或者行为运行过程要经过的，或必然的，或高可能性的，或最佳的，或恰当的，或适宜的路径、过程和结果。

2. 逻辑方向

逻辑方向是人为选择的逻辑运行过程和逻辑结果的意向和取向，是存在于事物运行的过程和结果的众多或然性之中的一种选择。

在相同的边界条件环境中，选择不同的逻辑方向，通常对应着不同的逻辑运行过程和结果。通常逻辑方向的选择依据是，选择使得逻辑运行的过程和结果对自身“三自”水平的提高、维持、不受损失或者少受损失最为有利的方向。

3. **逻辑路径的多样性**

边界条件的多样性，决定着在相同逻辑方向上，获得相近、相似逻辑结果的路径也具有多样性。

7.2.2 逻辑与规律

1. **规律**

规律是事物运行、变化过程中客观存在的因果、变化和转化关系。事物依规律运行的结果或者在大样本空间内的运行结果，具有必然性和唯一性或者高或然性。

2. **逻辑与规律的关系**

①当逻辑的方向和路径逐渐趋近于、趋同于事物运行的规律时，逻辑运行的过程和结果趋于真实、稳定，即靠谱。

②逻辑运行的过程、趋势、结果，可能与事物的规律存在差别，逻辑可以在一定的差别中运行，即规律与逻辑存在一定的相容度，在相容度内，逻辑尚可运行、结果尚可接受。逻辑向规律的趋近、趋同是逐渐发展的过程。规律与逻辑运行过程存在的相容度，为人类社会文化的包容性和容错性提供了存在的空间。

③由于边界条件的多样性，逻辑过程趋近于规律的发展路径和过程也具有多样性。

7.3 边界条件与逻辑的关系

7.3.1 边界条件决定逻辑过程

1. 对边界条件的认知、获取、判断，决定着逻辑的过程，即决定着逻辑的方向和路径的选择，以及逻辑过程运行的结果

逻辑过程的运行需要依托边界条件的支持，受到边界条件的约束，从而产生在特定边界条件下，顺其自然的、相对稳定的、有概率和统计结果支持的逻辑因果关系。

在选定的逻辑方向上，特定的边界条件和边界条件环境，决定着特定的逻辑关系、运作模式和逻辑结果的形成。换言之，当需要验证人们经过总结、演义、推理形成的逻辑过程、逻辑因果关系时，是否能在特定的边界条件环境内产出期望的逻辑结果，就需要在此特定的边界条件环境中按此逻辑运行，依概率、统计的方式看能否产出所期望的结果。即实践是检验真理的唯一标准。

在边界条件环境内，边界条件组合、选择的多样性，决定了逻辑过程运行路径的多样性。

在相似、相同的边界条件环境内和逻辑方向上，当关键性的、决定性的边界条件趋于相似、相同时，则逻辑运行的依据概率、统计的结果也趋于相似、趋于稳定。在相似、相同的边界条件环境内和逻辑方向上，逻辑过程重复运行的次数，对逻辑运行结果的变化影响甚微，即形势比人强，即命。因此，如果想改变命运，即改变逻辑运行的结果，就必须改变边界条件环境中一些关键性的、决定性的边界条件，这就是一些人努力产生新的资源Ⅱ的动力因素；当

没有能力改变部分边界条件尤其是关键性的边界条件时，人们通常会选择移出现有的边界条件环境，以期获得不同的结果，即“三十六计走为上计”，这就是人类迁移的动因。

2. 边界条件与逻辑结果的关系

一些常见的边界条件与逻辑结果的关系如下：

①缘分：为了特定的目的，在特定的边界条件环境内，推动运行的逻辑过程，并有可能获得有较高概率出现的逻辑结果。

缘：有可能产生特定的逻辑结果所需要具备的、特定的边界条件和资源匹配。

分：为了特定的逻辑结果，在特定的边界条件环境中逻辑的运行过程和结果。

②直觉：在需要具备的边界条件尚处于模糊不清的条件下，借助以往对此类事物运行的经验和感觉而形成的、自认为有可能大概率存在的逻辑结果。

③不确定性：暂时无法获得稳定、可靠的边界条件和形成可信的、在概率上获得支持的逻辑结果。

④冒险：在必备的边界条件尚未完全确定、逻辑运行的结果尚无完全或者高概率的把握时，强行推进的逻辑过程。

⑤奇迹：依据现有的边界条件和逻辑关系，在充分利用现有的资源Ⅰ，并可想象产生资源Ⅱ的条件下，也不可能产生或者产生的概率很小的结果。

⑥失败是成功之母：通过在边界条件环境内运行逻辑过程中的波折和失败，更容易找到、认识、确认所接触到的、所需要的、真实的、鲜活的边界条件和能够成功运行的逻辑关系和路径。

⑦灵感：在特定的条件下，能够导致跨越、忽略、再认识一些在通常情况下认为是必须存在的、对逻辑运行是阻碍的边界条件，从而形成一条新的逻辑路径和一些新的逻辑关系，这些新形成的路

径和关系对于逐渐形成真实的、可行的逻辑过程和结果有益。

⑧悟性：对与事物运行有关的边界条件和逻辑关系能够快速地感知，并能够快速地形成正确的或者高正确概率的逻辑路径和逻辑结果的能力。

⑨事物都具有两面性：事物运行过程中的好事和坏事都具有两面性，即都既有有利的一面，又有不利的一面。对于好事，好的、有利的一面占优，呈显现特性，坏的、不利的一面占少量，呈隐现特性；对于坏事，坏的、不利的一面占优，呈显现特性，好的、有利的一面占少量，呈隐现特性。

在事物的运行过程中，存在于事物中的有利面与不利面的比例，有可能随着时间的推移、事物的发展、边界条件的改变，存在各自消长、变化、转化的趋势。如不注意这些变化并加以消减和约束，或者有意识地促成这种趋势发展和转变，则可能发生或者导致事物运行结果的变化甚至逆转，从而导致好事与坏事的程度发生转变，甚至逆转。即“祸兮福所倚，福兮祸所伏” “生于忧患，死于安乐”。

⑩坏事也有好的一面：

a. 坏事的过程和结果，有利于接触到事物运行、发展的真实边界条件和逻辑规律，为促使事物向好的方向发展做出调整和改变提供依据。

b. 由坏事而导致的资源损失，有可能对人产生激励作用，从而激发产生新的效率或者资源Ⅱ，为促使事物向好的方向发展提供新的努力、资源和边界条件。

7.3.2 利用边界条件影响他人逻辑结果的方法

1. 5 种实施方法

在人类的社会活动中，每个人都处在自认为较为特定的边界条件下，都有一些自认为在此边界条件下，对自己的“三自”水平的维持或者提高较适宜的逻辑方向，以及认为在这些逻辑方向上必然存在的逻辑关系和逻辑因果关系的概念和理念。同时，人们又都希望在与自己相关的事物中，他人运行的逻辑过程和结果，能够对自己的“三自”水平有益无害。由于边界条件决定逻辑过程，因此，为使他人接受自己的逻辑方式，并使他人的逻辑运行形成有益于自己的结果，人们通常是以提供和设定相应的边界条件并进行相应的逻辑引导、诱导的方式方法，使他人或欣然地，或自然地，或必然地，或不得不地，或被迫地得出边界条件提供者所希望、需要的逻辑关系和逻辑结果。

这些实施方法包含以下几种：

（1）讲道理（白道）

试图通过主动说明、说服，形成一些双方都能认识到的、双方认可并确认的边界条件和逻辑关系的存在，而使得被说服方愿意主动依据这些边界条件和逻辑关系，形成一些对于说服方或者被说服方，或者双方是有益的或者必然的逻辑过程和结果。

（2）暴力强迫（红道）

依托自己的强势资源，即强势的边界条件和边界条件的设定能力，通过暴力强迫性的手段，强行剥夺他人的一些资源和边界条件，并设定一些边界条件，强迫性地让他人的逻辑和行为必然在自己设定的边界条件内，依据自己所要求的逻辑方向和逻辑关系运行，并形成有益于自己的结果，否则将使被强迫者失去更多的资源和对其有益的边界条件。

（3）提出他人无法拒绝的条件（黑道）

利用以一些有用特定的资源和边界条件优势为依托而形成的威慑力，通过提供一些明示的或者暗喻的边界条件、逻辑关系和可能的结果，使得他人为了自身的利益少受损失而不得不依据所提供的逻辑方向和路径，得出对要求提出方有益的逻辑过程和结果。

（4）提供边界条件，让他人自主地得出结论（黄道）

通过向他人提供一些非强制性的、真实的或者虚拟的、必要的或者非必要的边界条件，并通过说明、引导、诱导，使得他人依据已有的、已认识到的边界条件和逻辑关系，结合为他人提供的边界条件，依据对他本人有利的逻辑方向和路径，欣（自）然地、自主地得出对边界条件的提供方有益的或者对双方都有益的逻辑过程和结果。

（5）提供不真实存在的边界条件（灰道）

通过提供一些与实际的存在相比较不真实的、不准确的或者不完全真实存在的边界条件，诱导或者误导他人得出对提供方有益的逻辑过程和结果。

2. **5 种实施方法的有效率**

人类社会的以上 5 种影响他人逻辑行为的方法，每种单独使用的有效率（有效性）是各不相同的，如图 7-1 所示。

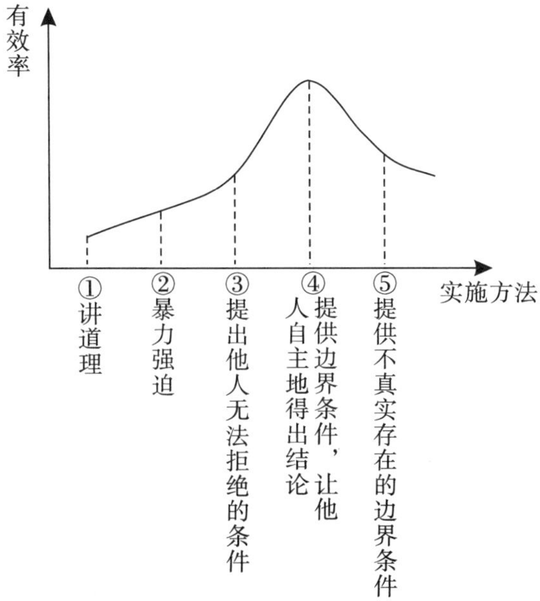

图 7-1　5 种实施方法的有效率

从人们的社会活动及图 7-1 中，可以观察到：

①讲道理的有效率最低。

人的本性之一是不讲道理。当他人在你所提供的逻辑方向上还没有认清、体验到自身的利益所在和要遵循、依据的边界条件和逻辑关系的必要性时，是不容易实现要求他人按照自己所希望的逻辑方向得出自己想要的逻辑过程和结果的，其表现形式有：

a. 你讲的道理我都明白，但我不能按照你讲的道理去做。即认可你讲的边界条件和逻辑关系，但我不一定认为你讲的这些都对本人有效，完全适用于本人，必然有益于本人，因而本人未必会必须、完全照着执行。

b. 你有你的道理，我有我的道理。即你有你的边界条件、逻辑方向的选择和存在的逻辑关系，我有我的边界条件、逻辑方向的选择和与我有关的逻辑关系，两者并不相同或者不完全相同。

c. 你别给我讲大道理，在我这儿没用。即不认可你讲的边界条件和逻辑关系。

讲道理的表述中，要注重事物逻辑关系的语言表达和语言表达过程中的逻辑关系，用受众听得懂、愿意听，或者不得不听的语言表达，要“知己知彼”。如果只是一些道理、概念的堆叠，讲道理的效果将更差。

②暴力强迫通常只能够产生短期的效果。

强迫者为了使自己的利益最大化，通常会迫使被强迫者处于“三自”水平相对或者绝对极低的位置，因此，也容易激发被强迫者产生新的资源Ⅱ，努力改变现有的边界条件和逻辑关系，摆脱被强迫的状态，以提升自己相对或者绝对极低的“三自”水平。强迫得越厉害，“三自”水平的差别展示得越充分，在存在政治引导意识觉醒的情况下，越容易激发产生要求改变现有边界条件和逻辑关系的资源Ⅱ，强迫所获得的效果和结果越不稳定。

③提出他人无法拒绝的条件的方法，是一方利用拥有的资源、

边界条件和边界条件设定方面的优势而形成威慑力，向另一方施压和提出要求，希望另一方按照要求方所要求、希望的逻辑过程和逻辑方向行事，以此获得要求方想要的结果。在人类社会中，当一些人认为或者自认为拥有这种威慑力时，就愿意尝试和使用这种看似达到逻辑目的路径最短的方式，而且所提的要求有时对于被要求方来说近似于不讲道理，而这一特点暗合、体现出一些人的本性。

④提供边界条件，让他人自主地得出结论的方法，是采用最多、有效率最高、最能体现人类文明的方法。双方出于维护各自利益或者使自己利益最大化的欲望，通过沟通、协商、交换、妥协、让步、合作等过程，对各自或者对方的边界条件和逻辑方向进行了解、试探、改变、调整、诱导、交易，努力获得对方或者双方都愿意接受的逻辑过程和结果，即达成双方都认为对己有利的共识，实现共赢。

第三种方法和第四种方法结合使用，有可能达到所谓的“不战而屈人之兵”的效果。

⑤提供不真实存在的边界条件的方法，是一种在人类的社会活动中普遍存在的方法，这种方法通常以信用预支的方式体现，包括两种类型：

a. 善意的信用预支。

为了获得想要获得的逻辑过程和结果，一方通过提供一些与现时、暂时的实际存在相比较并不完全真实、不完全准确、不全面的边界条件，来支撑、获取自己想要获得的逻辑过程和可能的逻辑结果。在获得了希望得到的逻辑过程和逻辑结果后，在双方可接受的时间和空间内，愿意并且努力去全部或者大部分地兑现了承诺，同时改善、完善、提高现有的边界条件，使其力争与初期所做出的承诺相近。这种方式在人类的社会活动中有相当的空间和有效率，在人类的社会活动中，人们通常要花费大量的、相当高比例的时间和资源，或者是在双方可接受的时空内，努力实现已给出的承诺，或者是努力判断他人的承诺在可接受的时空内能够兑现的可能性和能够兑现的比例。

b. 恶意的信用预支（即欺骗、诈骗）。

提供的是高比例虚假的或者完全不存在的边界条件，在得到希望的结果后，根本就没想去兑现承诺，即兑现承诺的努力和比例几乎为零。

在人类的社会活动中，人们为了达到目的，通常以 5 种实施方法中的某种方法为主，在不同的时空内、不同的边界条件环境下，与其他多种方式方法形成不同的搭配组合和综合运用，以期提高获得所期望的逻辑过程和逻辑结果的概率和有效性。

7.4 利益与危害的运行平衡

追求利益或追求益、损对比关系为正，是有机生命体得以生存、延续的基本法则。

7.4.1 利益与危害的平衡点

人们追求自身利益的欲望和活动，是一条客观存在的、不断向前延伸的利益取向“射线”，在人们追求利益的活动和环境中，必然伴生针对利益追求方的危害。这种在追求利益过程中伴生的危害，可能来自边界条件的限制、制约，也可能来自利益相关方为维护自身利益对利益受益方的限制、反制，即“祸兮福所倚，福兮祸所伏”。与利益追求过程伴生、相关的危害也是一条客观存在的、不断向前延伸的危害取向“射线”。这两条取向“射线”在没有阻挡的情况下，会无穷尽地向前延伸，即“欲望无边”“危害无边”，然而，无穷尽地向前延伸的射线在客观上是不存在的。

在人们追求自身利益的过程中，在特定的边界条件下，利益取向“射线”会与客观必然存在的危害取向“射线”相交会于一点，形成利益与危害的平衡点，如图7-2所示，利益方与危害方存在同时互为彼此的存在与转换的可能性。在现实世界中，人们的活动、运作和各种努力，就是要寻找或者撞到这个平衡点，或者妥协、无奈地接受这个平衡点的存在；人们利用各种资源的运作，总是期望、努力使这个平衡点对自身的利益更多些，而危害、反制更少些，即总是希望尽量地“趋利避害”。

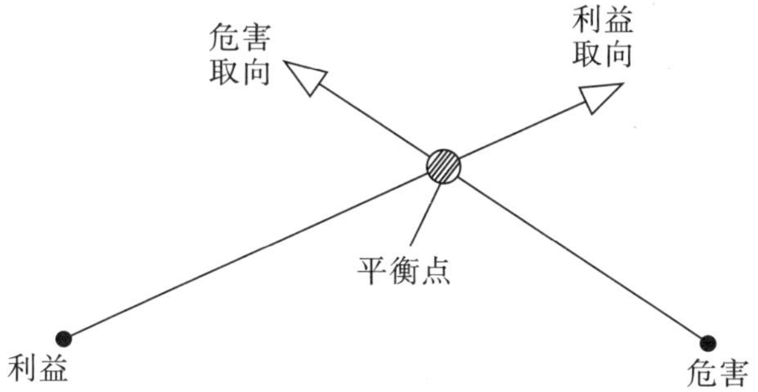

图7-2 利益与危害的平衡点位

7.4.2 利益、危害、规则、时效的区域运作

1. 利益、危害、规则三角运作区域

从利益、危害两点出发分别画两条射线，在特定的边界条件下，仅可能形成一个偶发的交点——平衡点，从两点发出的两条射线是不可能围出有效面积的。人类社会要从事多方参与的、规模性的、常态的、有序的追求利益的活动，就还需要另外一点——规则——的参与，由利益、危害、规则三点分别发出的射线，才有可能围出有效的，能容纳多方参与运作、活动的面积区域，即“没有规矩，不成方圆”，在特定的规则之下寻求利益与危害的平衡，是人类社会

区别于动物界的重要特征。在这个由利益、危害、规则三点围成的区域内，运作的结果可以形成无数个平衡点，即区域内存在平衡点位、解决方案的多样性和规则约束下的包容性，这为形成有利的平衡点而产生资源Ⅱ提供了空间。在这个由三点围成的三角区域内，人们追求的利益及平衡点，是在利益取向、危害取向、规则约束共同作用下的运作结果。如图 7-3 所示，人们可以合法、合规、合道地追求各自的利益最大化，推动人类社会向前发展。

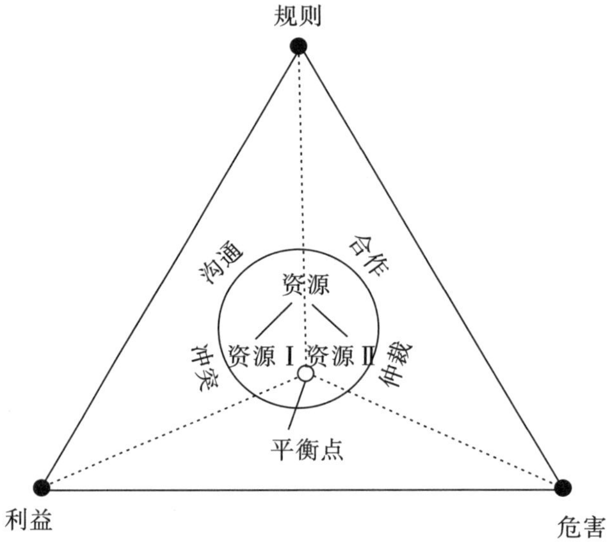

图 7-3　平衡点运作区域

2. 利益、危害、规则区域内平衡点的运作形成

如图 7-3 所示，在三角区域内，人们试图寻找、追求自身利益最大化的平衡点不会自然而然地形成，而是要在这个三角区域内，通过投入资源、做出各种努力，通过沟通、合作、仲裁、冲突诸手段、过程，动态地形成。

（1）沟通

人们通过沟通，用各方听得懂的语言来表达各自的利益诉求和可能对彼此的危害、制约，可以帮助各方了解、探知各方的利益诉求和可能形成的危害及规则的约束边界，有利于形成满足各方条件和需求或各方能够接受的、合规的平衡点。

（2）合作

通过各方之间的协商、交换、妥协而达成的合作，使得各方的利益相互融合、相互支撑，减少彼此的威胁、掣肘，利于形成对各方都有益、各方可接受的平衡点。

（3）仲裁

当各方无法通过沟通、合作来平衡各自之间的利益与危害的关系时，就要通过规则下的仲裁来确定各方应处的平衡点位置。各方的沟通、合作也是在规则制约的框架下运行的。

（4）冲突

当各方之间无法通过沟通、合作来建立各自认可、可接受的平衡点，并且不认可规则的约束、仲裁结果，甚至不认可规则的有效性，或者一方完全无视另一方的利益底线要求时，另一方可能会采取冲突的方式，试图重新划定各方的利益、危害边界，试图修改甚至建立新的规则，以图在新建立的利益、危害、规则三角运作区域建立对己更加有利的平衡点。

3. 平衡点运作形成的实力基础——资源及时效性

如图7-3所示，在利益、危害、规则三角运作区域内，各方努力通过沟通、合作、仲裁乃至冲突，来寻找、形成对各自有益的平衡点的实力基础，是各方拥有的资源，包括资源Ⅰ和资源Ⅱ。各方为争取对己有利的平衡点的资源的获得和形成资源的优势，在于各方的资源积累、创造（资源Ⅱ），以及长期地坚持为此消彼长的有利资源的积累及资源优势的转化、形成所做的不懈努力，在于为等待边界条件顺势、顺道地向有利于己方转化过程中的行动力和意志力的坚持、忍耐、熬。

利益、危害、规则均具有时效性，会随着时间而变化，都是时间的函数。资源的积累与资源的使用、有效性也具有时效性，也是时间的函数。所以，各方追求自身利益平衡点的运作也要在有时效参与、限定的空间内进行，图 7-4 为包含时效因素的平衡点运作空间图。

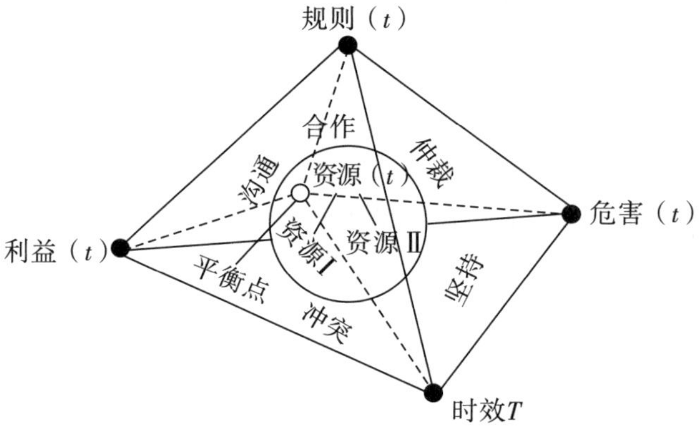

图 7-4 平衡点运作空间

动物为了自身的生存和繁衍，也会寻求利益与危害的平衡点，而人类社会则能够在建立的利益、危害、规则、时效的运作区域内，随地域、时效的不同，通过积累、使用资源，依据实时的边界条件，动态地寻求自我利益的平衡点。

文明社会的活动是基于规则和实力的运作，文明社会体现在，人们是通过合理、合法、合规的手段和途径，依据各自的资源包括资源Ⅰ和资源Ⅱ及实时的边界条件环境，去寻找、建立、维持利益与危害的平衡点，所以，人类社会的进步和“三自”水平远高于动物界，运行过程也复杂得多。

人们各自对平衡点的识别能力、选择能力、选择偏好和追求的坚持能力，体现出各自的性格。

7.5 文化的作用

人类社会的文化发展过程和形式，对于人们对边界条件的认识、逻辑方向和逻辑路径的选择以及逻辑结果的产生都有着重要的作用。文化发挥作用的特性体现在：

1. **记述、演义**

文化形式的记述、演义，能够传承、反映、再现过往事物运行的边界条件和逻辑关系、逻辑过程、逻辑结果，这对于人们在现实事物的运行中，对现实边界条件和逻辑关系的认识、逻辑方向和逻辑路径的选择及逻辑结果的形成都有着参照和影响的作用。

2. **超时空**

利用文化的形式和手段，有目的地超时空地反映、组合一些不同时空的边界条件，形成一些虚拟的逻辑过程、逻辑路径和逻辑结果。这些以文化形式虚拟形成的逻辑路径和逻辑结果，不仅能够愉悦人们的身心、释放人们内心的压力，而且对于现实中人们的逻辑方向和逻辑路径的选择以及逻辑结果的形成，都有着启发、参考和影响的作用。

3. **非线性**

利用文化的形式和手段，能够非常规地表述、触及一些边界条件和逻辑路径、逻辑关系，可以有意识地、有目的地绕开、回避、忽略、添加一些边界条件，从而形成虚拟的逻辑关系、逻辑路径和逻辑结果。以文化方式形成的、非线性形成的逻辑路径和逻辑结果，有助于人们从不同的视角，再观察、再认识现实的边界条件和逻辑过程，从而影响现实事物的逻辑方向和路径的选择，对逻辑结果产生影响。

4. **虚拟**

利用文化的形式和手段，有目的地虚拟产生一些边界条件，虚拟触及、改变一些在现实生活中不愿触及、不敢触及、不能改变的边界条件，进而形成虚拟的逻辑关系及逻辑过程、路径和结果。这些虚拟的触及、改变、过程，都有可能拓展人们的想象空间，对现实生活中的边界条件和逻辑关系的认识、逻辑方向和逻辑路径的选择及逻辑结果的形成产生影响。

5. **幽默**

在幽默这种令人愉悦的文化形式中，综合体现有：

①非线性地、有意地绕开一些边界条件。

②触碰一些平时不愿、不敢触碰的边界条件和因果关系。

③有意地模糊、忽略一些边界条件。

④有意地虚拟出一些逻辑关系、逻辑过程和逻辑结果。

文化对于人类对边界条件的认识、逻辑方向和逻辑路径的选择及逻辑结果的影响力，为人类社会所特有，对促进人类社会的快速发展、“三自”水平的提高，有着重要的推动作用。

7.6 边界条件的改变

边界条件对逻辑方向的选择和逻辑运行的结果有着决定性作用。

边界条件的改变，有可能帮助或者迫使人们改变逻辑方向和路径的选择，也有可能在相同的逻辑方向上获得不同的逻辑结果。

人类能够不断地、主动地改变所处的边界条件环境，以获得自身“三自”水平的维持或者提高，而动物则基本不能改变所处的边界条件环境，只能被动地适应或者以自身的进化来应对边界条件环境的改变。

人类为了自身“三自”水平的维持或提高而试图改变边界条件的方法（途径）有以下几种。

7.6.1 投入使用资源Ⅰ

人们通过投入使用资源Ⅰ，包括由社会动力方程的成果（通货）转换而来的资源Ⅰ，能够有效地改变其所处的边界条件和边界条件环境，从而达到维持或者提高自身“三自”水平的目的。因为多数边界条件的改变过程，是时间和资源的消耗和转化过程，而拥有有效的资源Ⅰ，就能够为改变边界条件的转化和消耗提供所需要的资源。在商业活动发达、各种需求可供选择的供给充足的环境中，使用资源Ⅰ（通货）来改变边界条件的作用显得尤为快捷、有效，即体现出金钱的万能效应。

使用资源Ⅰ改变边界条件是一个累积的、逐渐改变的过程，由于可供使用的资源Ⅰ的有限性，通常只能够在特定的、较小的范围内改变边界条件。

7.6.2 产生伟大的资源Ⅱ

资源Ⅱ产生的目的和性质就是为社会动力方程的运行提供新的边界条件，或是改变现有的边界条件，使社会动力方程的运行产出更多的成果，或是使社会动力方程在新的边界条件下以新的形式运行，产出新的、更有益的成果。这些更多的或者惠及更多人的成果，能够进一步用来改变现有的边界条件环境，形成正向反馈。

人类社会发展过程中产生的伟大的资源Ⅱ，能够大范围地、较大幅度地、突变性地改变边界条件环境，使得社会资源的数量、流动方式和方向都随之发生较大的变化，这些变化能够促进人类社会整体的“三自”水平实现阶跃式的显著提高。

人类社会的伟大的资源Ⅱ包括：

1. 能够形成新技术平台的重大技术进步

人类社会的技术进步属于人类社会产生的资源Ⅱ，技术进步能够为社会动力方程的运行建立新的边界条件，能够增加社会动力方程的运行成果，能够形成社会动力方程新的运行形式，产出更多的或更新的成果，进而提高人们的“三自”水平。能够成为新技术平台的技术进步能够支撑、衍生、推进众多领域的技术显著进步，能够使已广泛使用的技术在新技术平台的支撑下，产出更多、更好的成果。因此，在人类社会的发展过程中，新技术平台的形成，能够大范围地、突变性地改变人们的生活、产生的边界条件，使人类社会活动成果的数量、种类、质量都显著增加和提高，从而促使人类的“三自”水平实现跃进式的提高。

人类社会发展至今，所产生的对人类“三自”水平的提高有着重大的、决定性影响的技术平台有以下几个：

（1）材料技术平台

材料技术平台以钢材在人类社会中大量、高效生产和使用为标志。人类基于此技术平台，获得了高效地切割绝大部分自然材料的刃具和结构性能远优于自然材料的结构材料，显著改变了物质世界物质之间的连接和支撑关系的边界条件环境，从而大大提高了人类使用工具、构建结构的有效性，有效地拓展了适合人类社会生存的新的边界条件环境，大幅提高了人类生活的空间尺度和舒适度。

（2）能量转换技术平台

能量转换技术平台以各种用于能量转换的动力机械的大量、高效的生产和使用，以及核能的使用为标志。能量转换技术平台改变了地球上能量转换、能量存储、能量动力释放的边界条件和逻辑关系，核能的开发和使用，使人类获得了依托宇宙而形成的、近似于无中生有的巨大能量。人类依托能量转换技术平台，建立了适合人类更广泛地应用能量的边界条件环境，获得了远远超过自身体能和动物体能能够释放的能量和动力，从而可以完成那些远远超过自身和受控动物所释放的能量、需要较大的动力和能量才能完成的作业和工作，这些技术大大提升了人类从事活动的效能和效果，拓展了人类生产、生活的时空。

（3）信息技术平台

信息技术平台以各种信息传递、信息储存、信息处理、信息互动的技术和设备的大量使用为标志。信息技术平台改变了人与人之间、人与物之间、物与物之间信息的生成、传输、存储，以及信息与行为互动的边界条件环境，使人类具有了远远超越自身肌体器官能力的信息传输、信息传播、信息储存、信息处理、信息互动的能力和手段，这些能力和手段使得人类的社会生活和活动更加快捷、有效、自主、精准。

（4）生存空间技术平台

人类的下一个技术平台，有可能是生存空间技术平台。生存空间技术平台应该包含海洋技术、太空技术和环保技术，其中环保技术包括碳中和技术等。该技术平台的形成和发展，可使人类的生存空间更加开阔、适宜，可供应用的资源更加多样和可持续。

在人类社会发展的不同时期，能够有效地使用当时最新技术平台的技术产品或者依托当时最新技术平台而开发出的新技术、新产品，就是人类社会在那个时期的高新技术和高新技术产品。而能够成功地参与、推动最新技术平台的形成、发展、应用，并输出相关技术和产品的企业，往往能够快速地发育成为当时世界上成功的跨国大企业。

2. **显著的政治文明进步**

重大的、显著的政治文明进步的过程和结果，引导着较大数量的社会资源以新的方式、新的方向流动，从而显著地改变了人类社会活动的边界条件，有可能使得大范围的、众多人的“三自”水平获得显著的、可持续的提高；而唯有此结果，或者有此预期结果的政治活动过程，才有可能实现引导较大数量的社会资源以它设想的方式和方向流动。

正是因为伟大的资源Ⅱ包括重大的技术进步和政治文明进步对于提高人类的“三自”水平有重大的、关键性的作用，所以在人类社会中，国际上设立的一些重大的、有广泛影响力的奖励项目，通常都用于奖励那些对于产生伟大的资源Ⅱ有显著、杰出贡献的人或者团体，而鲜少用于奖励产生资源Ⅰ（成果）的杰出的人或者团体，如企业家。

7.6.3 迁移

迁移是迁出、移出现在的、自认为对己不利而又无力改变的边界条件环境，去寻找、进入自认为对己有利的、新的边界条件环境。迁移并不是试图改变原有的边界条件，也不是试图日后再简单地恢复到原有的边界条件环境，如动物的迁徙，而是试图改变自身所处的边界条件环境。

1. **迁移改变边界条件环境的特点**

（1）成本低

迁移通常不需要特别的或者较多的资源Ⅰ和资源Ⅱ，启动和实施的成本较低，能够较容易、较快地实现边界条件环境的改变。

（2）易激发产生新的资源Ⅱ和效率

进入一个新的边界条件环境，因边界条件的变化和改变，更容易激发人的潜能、约束人的本性，容易激发产生为适应新的边界条件的新的资源Ⅱ和效率，以期维持、提升迁移者在新的边界条件环境内的“三自”水平。同时，迁移者带来的多样性文化的交会和碰撞，也有助于产生新的资源Ⅱ。这些新产生的资源Ⅱ和效率，通常不仅对提高迁移者的“三自”水平有利，对他所处的边界条件环境也是有利的，因为新产生的资源Ⅱ和效率，要适应、顺应所处环境的运行规律和发展趋势，同时也会不断地给予所处的边界条件环境激励、完善和补充。

因此，在人类社会的发展历史中，能够持续、有效地吸纳、接受人们的迁移，并能够鼓励、包容、接受人们新产生的资源Ⅱ和效率的边界条件环境，通常都是发展较快、较好的区域。

2. 迁移的形式

广义的、能改变现处的边界条件环境并有助于激励产生新的、有益的资源Ⅱ和效率的迁移形式有：

①迁移——迁出现有边界条件环境，进入新的边界条件环境。

②移民——有目的的、期待某些边界条件能够发生变化的迁移。期待的改变中有可能包括一些政治边界条件的变化。

③转移——为摆脱原有边界条件环境的一些限制和制约，而主动或者被动地转入新的边界条件环境。

④变换工作岗位——工作边界条件环境的改变。

⑤现有过程的中断——包括被动地、被迫地中断和主动地中断、终止在现有边界条件环境内的活动。

⑥休假、旅游——现有过程的暂时的、可恢复的中断。当再恢复到原有的边界条件环境时，原有的边界条件环境可能会发生某些

改变或者认为原有的边界条件环境已发生了某些改变。

以上6种迁移形式对边界条件环境的改变的规模、程度和激励产生新的资源Ⅱ和效率的功效，依次递减。

7.7 专利技术的本质

7.7.1 专利技术的产生

在人类社会的发展过程中，当有人不满足于当今技术，或者对人类社会有益的技术进步触摸到约束技术发展的边界条件时，就会尝试着突破约束技术的边界条件，尝试用新的技术手段解决遇到的问题，推进技术进步以图解决面临的难题，满足新的、更高的任务目标要求。一些人可能因屡次尝试破解不成功被难题“劝退”，也有一些人经过不懈的努力，采用不同的技术方法、技术路径，而突破了约束的边界条件，解决了受困的技术问题，满足了新的任务要求，并形成了具有相应技术特征的新的技术方法、路径、结构，应用这些新的技术方法、路径、结构，可以形成技术应用、技术发展的新技术领域和因技术实施而形成的新利益获取领域的新的边界条件要素，即形成了有益于人类社会发展的、新的资源Ⅱ。

具有相应技术特征的新技术方法、路径、结构，经履行相应的法律申请程序，而成为获得法律授权、法律保护的专利技术。其他人如果要应用具有这些技术特征的方法、路径、结构，进入相应的技术应用和利益获取领域，就要依法获得相关专利权人的许可、向相关专利权人支付进入的门票和过路费，即专利许可费，这些是获取相关利益的合法成本，也是对有益于人类社会的技术进步努力成果的认可、奖励和成本补偿，由此形成对人类技术进步、获得更高“三自”水平的正向激励机制。

能够让进入或者欲进入有专利保护门槛的利益获取领域者，形成清晰、警醒的授权合法进入的成本与侵权不合法进入的成本之比的知识产权的保护环境，才是有利于激励产生大量对人类社会发展进步有益的资源Ⅱ的社会环境，而使侵权者易形成“死猪不怕开水烫”概念的知识产权的保护环境和保护效果，则败坏社会风气，不利于创新社会的发展。

产生专利技术的关键在于，发现或者自认为存在有需要解决的技术问题，并且自认为有了解决这些技术问题的方法、路径，而是否拥有这种能力与是不是本技术领域的资深专业人士，并无必然的因果关系；一些本领域的人士，可能对一些存在的技术问题习以为常，或熟视无睹、视而不见，或者还没有找到、想到相应的解决方法、路径，而无所作为。所以，现实中经常会出现一些“跨界”的创新人士、创新企业家。

专利技术的发明人可能不是第一个想到创新技术方案、路径的人，其他人也可能想到要做类似的努力，但其他人在方法、路径的探索、推进过程中，遇到了自身无法解决的技术难题而退却，选择放弃，而发明人解决了一些一般人能够看到的技术难题，解决了一些在技术进步的推进中、在解决一些技术问题的过程中才有可能遇到、看到的技术难题，从而形成、获得能够解决相关技术问题的、达到特定任务目标要求的、具有相应技术特征的专利技术。

一些人探索新的创新技术方案的努力和过程，也可能不被常人所理解、所看好，正如马克·吐温所说：“具有新想法的人在其想法实现之前是个怪人。”

7.7.2　一些人对专利技术的认知

1. “专利技术就是一层窗户纸”

有些人认为专利技术就是一层窗户纸，只是有人有幸把这层纸捅破了而已。

对于那些试图突破特定技术难题而屡试不成者来说，这层窗户纸就是屡攻不破的铜墙铁壁；而一些人甚至连这层窗户纸在哪都没摸到，即还没找到需要突破的边界、方向；一些人更是不敢努力去探索、尝试，何谈容易突破？

2. 理所当然的选择结果

一些人在接触到他人已完成的、能够解决特定技术问题、具有相应技术特征的创新方法、结构后，在他们的知识认知范围内，认为要解决相应的技术问题，具有这些技术特征的技术方法、结构是理所当然的选择结果。

殊不知，这些看似理所当然的、具有技术特征的技术问题的解决方法和结构的选择，是成果取得者在特定的边界条件下，为达到特定的任务要求和运行逻辑，经过多次、多方案、多路径的不懈努力尝试、创造、筛选、组合而来的成果。天底下哪有那么多的理所当然？

3. 不知所以然

一些人对成果创新的原理、逻辑不明就里、不知所以然，只会原封不动地照抄照搬使用，不敢做出修改、改进、迭代，或者曾尝试修改，但无功而返、无疾而终，只能回归使用原版。

4. 简单的组合，即“猪鼻子插大葱，即为象”

由几个具有相似的技术特征的已有技术的简单叠加组合，并不能构成新的专利技术。

在工程技术中，设备的使用工况不同，设备要完成的工作任务要求不同，设备所处的边界条件环境和执行的任务要求和逻辑运行关系也必然不同，设备要解决的技术问题也必然不同，能够解决这些特有的技术问题的技术特征也必然不同。新的、在特定使用工况下运行，能够完成特定任务要求的专利技术，必定具有单个现有类似技术或者多个现有类似技术的叠加、组合都不具有的技术特征。

在具有新的、能够解决新的技术问题的技术特征的专利技术出现之前，通常并不是没有人尝试着用现有类似技术特征的技术来试图解决在新的工况和新的任务要求下出现的技术问题，只是因未能有效地解决一些技术问题，并未能形成有效的技术特征而被遇到的技术问题阻退而已。客观表现为，现实中并未出现具有新专利技术特征的，并以新专利技术特征的方式方法解决技术问题的技术实体、实物。

那种认为由现有的、不同使用工况和不同任务要求的类似技术，经过简单叠加、组合，便能形成在新的工况条件下完成新的任务要求、解决新的特有的技术问题的专利的看法和结论，如同“猪鼻子插大葱，即为象”的逻辑和结论，如果这种逻辑和结论成立，那么人类社会技术的发展，只需要一个“元素周期表”即足够了。

那种简单而肤浅地认为由几个现有类似技术的简单叠加、组合，就能形成在不同的边界条件下完成新的工作任务的专利技术的看法，是未能看到在不同技术的结合、应用的过程中需要解决的技术问题，以及解决过程中不断迭代的技术问题。此种看法，是对为获得新的技术解决方案（资源Ⅱ）的努力、过程的无知和不尊重，其影响结果只能是自己骗自己，一事无成。

7.8 解码“性格决定命运”

7.8.1 性格如何决定命运

有人说，“性格决定命运”，在现实社会生活中，该说法有一定的道理和现实结果的支撑。那么，一个人的性格是如何决定其命运的？为了改变命运，为了有更好的命运运行结果，又该如何改变性格特征？

一个人的性格特征，包含他习惯性地对所处的边界条件环境的选择偏好，包含他处理逻辑运行关系、处理情商关系的定式选择的偏好，包含他对利益与危害平衡点位的选择偏好，这些习惯性的偏好选择，大概率决定着他可能选择所处的边界条件环境，以及在他所处的边界条件环境内的逻辑运行、关系处理、平衡选择的结果，即表现为“性格决定命运”。

7.8.2 改变性格、命运的路径

能够有效地改变性格、命运的路径在于，敢于投入资源、时间、精力，从事多方向的、开放的学习、实践和各种交流活动，去寻找、借鉴、形成对欲望启蒙的新认知、新需求的激发点，进而推动、形成自我行动意愿的意识觉醒，并敢于投入资源去推动、实施意识觉醒方向的行动，寻找、建立适应自我需求、对提高自身“三自”水平有利的边界条件环境和逻辑运行过程、模式、路径及促进情商能力的提升，实现自我突破，建立新的平衡，以期获得更好的命运运行结果。

1. **意识觉醒**

能够改变人的性格的推动力在于个人的意识觉醒，不是每个人都能意识到或者想到要改变自己的性格。一个人的意识觉醒，意味着针对形成的新认知、新需求，敢于投入资源去努力寻找、选择、建立认为对自己有利的、能够满足自我新需求的边界条件环境和逻辑运行过程，期望能够在这些不同于以往的边界条件环境和逻辑运行过程中，获得更有利于自己“三自”水平提高的运行结果，建立新的平衡，即改变过往性格、命运安排的、大概率的运行结果。

2. **欲望启蒙**

触发、推动人意识觉醒的动力，是人的欲望启蒙。人的欲望启蒙，开启、形成自我新的需求及对需求新的认知，进而激发人敢于投入资源去寻找、推动自身意识觉醒。

3. **能够激发欲望启蒙的激发点**

人不会自然而然地激发出试图改变、提高自身“三自”水平的欲望。能够激发欲望启蒙的激发点，在于人对世界、对社会运行的相关知识、状态的认知，在于多方参与的实践活动，在于信息交流、碰撞、互鉴中获得的新认知，这些认知、活动、交流的综合作用，可能会产生自我对边界条件、资源、逻辑运行的新认知和新需求，从而激发出某些欲望启蒙的激发点，即“读万卷书，行万里路”“书中自有黄金屋，书中自有颜如玉”，即人类社会的教育学习，实践活动，文化、信息交流和互鉴，对改变性格和命运的作用在于欲望启蒙、意识觉醒。

第8章

降低成功的成本，提高恶意失败的成本

在人类社会的发展进步过程中，能够促使社会资源的流动以有益于社会动力方程的运行，并且社会动力方程运行的成果能够使得人们的“三自”水平不断提高的社会边界条件和逻辑环境，是社会文明不断进步、不断完善的结果。人类社会文明的进步发展过程推动的边界条件环境的进步和发展的逻辑方向和期望的社会效果应该是：降低成功的成本，提高恶意失败的成本。

在人们的社会活动影响范围之内，每个人的活动行为和结果与他人的活动行为和结果之间，互为边界条件，一个人的行为特质如能降低他人成功的成本，也大概率能降低自我成功的成本。这些行为特质包括诚信、守诺、合作、施援、包容、感恩等，正所谓“天道无亲，常与善人”。

同时，要提防他人恶意失败的行为对自身利益的损害，即所谓“害人之心不可有，防人之心不可无”。

8.1 降低成功的成本

在争取自身“三自”水平提高的活动中，人们要想获得成功，就需要投入一些资源、做出一定程度的努力，即需要付出和承担争取成功的成本。社会活动中人们成功的成本低，则人们愿意投入属于自己的或者能够调配的资源Ⅰ，并愿意产生资源Ⅱ，提高效率，以推动、参与社会动力方程的运行，使其能够产生更多有助于提高他人“三自”水平的成果，通过产出的成果与通货以及通货与自身所需要的成果的转换，使得自己的“三自”水平提高，进而推动社会的进步和发展。

社会中成功的人越多，人们在社会中的生活便利性就越高，全社会的平均“三自”水平就越高。

社会发展过程中有利于降低成功成本的要素有以下几个方面。

8.1.1 人们的基本权利趋于平等

1. 人们的基本权利的平等

人类社会对人的基本权利平等的认知、认可、维护的行为是人类社会文明发展的产物，也是人类社会文明能够逐步地、可持续地向更高层次发展的必备条件。人的基本权利的平等是社会能够逐步发展和实施精细化、量化分工的基础，是能够形成各安生业、各精其业的工匠精神的基础，是商业活动能够正常、顺畅运行的基础，是社会中约束性边界条件——法律体系——能够建立和有效运行的基础。在平等的权利得到确认和保护的环境下，人们才能够自然、自主地依据自身的资源和兴趣，去争取个人的成功。

人们的基本权利的平等，使得人们对共处于相同的边界条件和逻辑环境具有认同感，并认为每个人都有享用、维护这些边界条件和逻辑环境的权利、义务和责任，其社会效果是人们之间日趋相互尊重、友善、包容，社会活动的运作日趋有序、顺畅，社会需要的各种分工岗位能够稳定存在、有效运行，成本趋于降低。人们之间相互尊重、友善、包容必将与他们的自身权益受到保护并存、并重。人们基本权利的平等，有利于个人依据自身资源和认为适宜的边界条件和路径释放自己追求“三自”水平提高的欲望。人们的基本权利平等，才能形成平和、平顺、界线清晰的社会人际关系。

人们基本权利的平等体现在：

①面对自然赋予的自然资源的平等。

②面对社会公共资源的平等。

③面对社会公认的、共享的、共同约束的边界条件的平等，包

括法律面前人人平等。

社会中如果存在着严重的不平等，有可能导致成本增加的因素在于：

①一些人因日益不满现时存在的、针对自身利益或者所关注人群利益的严重不平等现象，而激发、产生新的、欲改变这种不平等现状的资源Ⅱ，即欲改变维持现有的、自认为不平等现状的边界条件和逻辑环境，以争取自身利益或者所关注人群利益的提高，从而有可能改变社会资源既有的流动方向和方式，有可能造成社会动荡即社会资源非正常流动，增加社会以现有方式运行的成本，乃至各方面参与者争取成功的成本。

平等的环境才能驱使人心向善。

②严重的权益不平等将导致一些人在做出同等努力、付出之后，所获得的、享受的权益存在巨大的差异；或者导致一些人的投入和付出的增量与获得的回报增量的对应比例令人不可接受。结果是，严重的权益不平等有可能抑制一些人的投入和付出，抑制人们对社会有益的新的资源Ⅱ的产生和效率的提高，进而影响整个社会的进步和发展。

2. **平等与公平**

①人类社会的平等，是可以用固定的或者相对固定的单位来度量的。

②公平是在特定的边界条件下，公众认可的或者尚可接受的一种利益的平衡。当平衡两端的利益的数量或者比例发生变化时，一些人（通常是平衡的掌控方，也很有可能是利益的多得方）可以以各种说辞和理由为依据，人为地移动和调整支撑、维持平衡的支点的位置，来达到、维持貌似平衡的状态，即达到所谓的“公平合理”。所以，公平很难用固定的单位来衡量、评价，因此也就很难有令人信服的执行标准和评判标准。

正因如此，在人类的社会活动中，以及降低成功成本的努力中，具有长期、稳定、决定性的促进和保障作用的是平等，而不是公平。

3. 平等与差别

平等的度量是不平等，差别的度量是差别的大小。由于社会分工的发展和各自资源的不同，人们各自的“三自”水平存在着千差万别，这些差别是人类社会发展的必然产物，也是驱动人类社会发展的主要动力。在人类社会中，一些人群，如权贵阶层，总是试图利用自身的强势资源来尽量地利用、维持、扩大人们之间的不平等，以利于维持、扩大自身“三自”水平的差别优势。而社会发展的主流趋势和力量，是要不断地努力维护、保持人们基本权利的平等和控制、调控人们“三自”水平的差别，这些努力的成果体现着人类社会政治文明的进步。平等和差别都是人类社会发展的产物，也是人类社会能够持续、稳定、有活力发展的必备要素。

平等而有差别是社会和谐而有发展活力的重要边界条件。

8.1.2 社会为其成员提供基本保障的水平日益提高

社会为其成员提供的人生活动的基本过程的保障包括：

①生——人们生育、生活的基本条件（包括衣、食、住、行）的保障。

②学——人们学习、受教育、素质和能力提高的保障。

③劳——人们工作、自食其力的基本权利和条件的保障。

④法——人们维护自身基本法律权益的保障。

⑤医——人们获得基本的健康、医疗条件的保障。

⑥老——人们丧失工作能力甚至自主生活能力后社会给予的保障。

⑦死——人死后应有权利的保障。

社会为其成员提供基本生活保障的水平日益提高，能够降低人们因一时的失误、失败而可能引发的让自身难以生存的风险，有益于人们勇于投入资源和效率去争取成功，进而推动社会的进步和发展。

8.1.3 社会环境的确定性

社会环境的确定性是指社会运作和活动的边界条件和逻辑关系具有可依赖性和可预期性，并且具有公开、透明、稳定的特性。

社会环境的确定性使得人们可以依据边界条件和逻辑关系来规划、确定自己的发展方向、升级计划，筹措为争取成功所需要的资源和边界条件，进而推进实施。

社会边界条件和逻辑关系的不确定性、不透明、设置的随意性、不可预测性，将导致人们难以估算或者无法估计为争取成功所需要的投入和成本，增加资源投入、流动的风险，这必然会抑制人们为争取成功的努力，进而阻碍了社会的正常运行和发展进步，并且为恶意失败的运作提供了存在和可操作的空间。

8.1.4 维护资源的有效性

1. 社会资源的开放、有效

社会资源通过公开、平等、有序的程序获得和使用，等价索取，价高者得。人们可依据自己的需要和资源能力，进入程序去争取获得社会资源的支持和使用权，同时，又能够驱使社会资源向效率高的方向和区域流动，使得一些人因合理、高效地利用社会资源而获益，同时推动整个社会发展和受益。

2. 避免因社会资源流动的“短路”而形成的假成功

一些人借助对社会资源的掌控和管理权限或者其他手段，使社会资源人为地以非常规的、“短路”（走捷径）的方式流动，并因此而获得成功。但是，这种社会资源流动条件下的成功，是建立在践踏社会现有边界条件和逻辑关系、规则之上的假成功。它的存在，对于社会上寄希望于以常规、可预见的手段、方法和渠道获得成功的人们，有打击、抑制的作用，从而提高了整个社会成功和发展的成本。

3. 个人资源所有权的有效性

确认、维护个人资源包括有形资源和无形资源的所有权，以及在规则范围内，个人自由使用、转化用于提高自身“三自”水平的权利，能够促进、提高个人资源乃至社会资源的流动和效率，进而促进更多个人成果和社会成果的生成，而且还能够促进、保护个人成果和资源的沉淀、累积，为个人获得更大的成功和“三自”水平的提高提供基础，进而推动社会的发展和进步。

每个人自由、自主的使用所有权确认和受保护的个人资源包括资源Ⅰ和资源Ⅱ，用于自身“三自”水平提高的行为和过程，同时也为他人争取成功提供了基础，有利于降低他人争取成功的成本。

社会的边界条件，对于拥有对社会有益的无形资源（正无形资源，如学历、阅历、业绩、诚信记录等）的人，凸显出其追求成功的低成本的边界条件特征，能够促使人们有意识地积累、维护这些对社会有益的无形资源，从而使得整个社会发展受益。

8.1.5 有利于资源Ⅱ产生的社会环境

产生有效的资源Ⅱ是获得成功的关键要素，降低成功的成本就是要维持社会多样性，建立有利于资源Ⅱ产生的社会环境，包括：

①社会的文化环境和文化特点具有“三性”，即多样性、包容性和容错性，这为新的、有益的资源Ⅱ的孕育、产生、发展和完善，提供了有益的、适宜的、宽松的环境。

②社会具有对于个人拥有的资源Ⅱ的权益、价值的保护、确认和体现的体系。这些体系的存在和发展完善，有助于人们为了成功而愿意努力产生有益的资源Ⅱ。

8.1.6 提供稳定、可靠的升级通道

在人们“三自”水平的提高过程中，既有逐渐积累的渐进型提高过程，也有因能力升级引起的阶跃型提高过程。因此，社会为人们提供稳定、可靠的升级通道，对人们争取获得成功，乃至社会的稳定、发展和进步有着至关重要的作用。

提供稳定、可靠的升级通道包括：

1. 教育及教育晋级资源的易得性和有效性

接受教育和不断提升受教育水平，是人类最有效的和结果可预期的升级通道。好的、有效的、不断晋级的教育，能使受教育者的边界条件的识别和认知能力、逻辑过程的运行和处理能力不断提高，可能还会培育出产生资源Ⅱ的潜在能力。因此，在社会活动中，对于那些接受过教育并通过教育过程、教育体系筛选的受教育者，社会给予他们的定位和职位通常会相应提高，这些受教育者也较容易获得为实现“三自”水平提高所需要的起点和平台。

2. 升级路径的显现性

在人们“三自”水平的提高过程中，如果存在清晰的和有迹可循的升级路径，将有助于人们依据自身特点和资源，选择自我认为恰当的、有效的升级路径，并投入资源、做出努力，争取自我“三自”水平的提高。

3. **升级梯度的适用性和显现性**

在社会发展过程中，如果能够展现出人们的“三自”水平是显著的、逐级的提高，则能够促使人们产生努力争取成功以获得逐级提高的动力。而逐级提高的梯度结构应具有低起点、逐级升、升级效果显著的特征，而不是鲤鱼跃龙门式的高门槛、一劳永逸的升级。高门槛、一跃翻身式的升级，要么会降低人们升级的欲望，要么会增加人们以非常规方式过关的冲动和企图。

8.1.7 科学技术的进步

人类社会科学技术的发展和进步，有助于人们逐渐深入细致地认识和了解人体自身及人类社会和自然界的边界条件、逻辑关系和运作规律，科学技术进步的成果为人类提供了更加有效、便捷、低成本、大众化的用于提高人们“三自”水平的技术手段和工具，使得更多的人能够依据自己的资源，借助新的科学技术进步的成果和平台，去争取实现自我“三自”水平的显著提高，即争取成功。科学技术的发展、进步、推广，还不断拓展人们对自我“三自”水平提高的想象空间，提高实现想象的可能性，降低实现设想目标的成本。

8.2 提高恶意失败的成本

8.2.1 恶意失败

恶意失败行为是为了自己的利益，有意识、有目的地无视和破坏现有的边界条件和逻辑关系，同时通过侵占、掠夺、损害他人的，或者社会的，或者系统的资源，以图使得自己的“三自”水平获得提高。这种行为的结果对于社会和系统而言，消耗的资源量远大于产出的资源量，因而，这种行为及其结果对于社会或者系统而言，是失败的、有害的，因为这是有目的、有意识而为之，属于恶意失败。

恶意失败对社会进步和发展的损害在于：

①恶意失败者活动所获得的、用于提高自身“三自”水平所消耗的资源量，通常远大于其活动所产出的对社会有益的资源量。即恶意失败者所获得和所消耗的资源中，有相当部分源自对他人或者社会资源的侵占和消耗。

②恶意失败者的活动和结果，扰乱了社会和系统正常运行的秩序和逻辑，提高了社会和系统运行的成本和多数人依据现有边界条件和逻辑关系去争取成功的成本。对多数人资源的投入、使用和努力争取的结果构成了有害影响，进而影响到社会的运行和发展。

③恶意失败的成本低，社会的运行存在较大的不确定性，维持社会正常运行的成本增加。

8.2.2 如何提高恶意失败的成本

①如果社会中恶意失败的成本低，就有可能诱发人不讲道理的本性，可能会出现人们为了自身利益而驱使资源以不遵守道德、规则的方式流动的冲动和趋势。

②提高恶意失败的成本，就是要求社会的边界条件和逻辑关系环境，针对社会中的恶意失败者和其行为，给予其处置所施加在其因从事恶意失败的活动和结果上应该承担的成本，即社会边界条件对恶意失败者自身资源和“三自”水平的强制性的扣减和约束的度量，要能够对应地体现出其恶意失败的活动和结果已经造成的、未

来有可能造成的他人、系统、社会资源损失，以及由此行为和损失而可能导致的社会运行成本的增加量，从而能够达到阻吓一些人试图为了提高自身“三自”水平而驱使资源向有可能增加社会成本的方向流动的目的，降低一些人试图通过不合理使用或者过度消耗社会资源，通过侵害他人“三自”水平和侵占他人资源而使得个人获益的概率。

③提高恶意失败的成本，还在于社会的边界条件和逻辑关系环境对于因恶意失败的行为和结果而累积形成有害于社会的无形资源（负无形资源）的人，凸显出对其行为活动要额外附加高成本的特征。

增加个体的恶意失败成本，其社会效果是降低了社会运行和社会发展的成本，有益于人们在社会中争取成功成本的降低，有益于社会上多数人的“三自”水平的提高。

8.3 民主的作用

8.3.1 民主的需求

在降低成功的成本、提高恶意失败的成本的社会发展过程中，社会运作的每个环节要素都涉及社会公共资源的投入和使用，而社会公共资源的供给者是广大民众，社会公共资源的归属权也为广大民众所有，因此，社会发展进步的效果也就要体现出日趋有益于多数民众，否则，社会公共资源的供给者有可能要求改变社会公共资源的管理、使用方式甚至管理者。作为社会公共资源的供给者和所有者，广大民众出于维护、提高自身利益的考虑，会有意识地要求通过民主的方式和手段，参与社会公共资源的汇集和使用、社会边界条件的建立和维护。

大众民主的作用体现在：

1. **大众意愿的表达**

通过民主的手段和过程表达出大众或者多数人的希望社会公共资源配置和投入的方向和效果。

大众民意希望改变社会公共资源配置、投入方向和作用次第的意愿，也是推动社会政治文明进步的动力。

2. **社会公共资源使用的过程和效果的监督**

通过民主的手段和过程，表达民意或者多数人的民意对社会公共资源使用的过程和效果进行监督和评价，监督社会公共资源不得以人为的、有意的“短路”的方式流动，使得社会公共资源的投入和使用与投入的初衷和期望相符，并且资源的使用效率处于可接受的范围。

8.3.2　社会发展进步的目标

人类社会发展进步的目标是——降低成功的成本、提高恶意失败的成本，即社会在有活力的动态过程中实现平衡、和谐、发展，而不仅仅是国泰民安。

社会民众的民主意识和行为是社会能够逐步趋近这一目标的重要手段和保证。民主不是社会发展进步的目标。

8.4 两种成本的高低组合所对应的社会效果

8.4.1 成功的成本低，恶意失败的成本高

这是理想的、有活力的、追求成功的社会状态。社会表现为：平等、和谐、有效率、友善、公正、奖罚严明及时；人们提高自我“三自”水平的路径和手段多样、有效，并且效果显著。因此，这也是其他区域的资源愿意向其流动的社会环境。

8.4.2 成功的成本高，恶意失败的成本高

社会表现为：发展缓慢、停滞、缺少活力。成功的成本高，易提高人的懒惰性，人们不愿意投入更多的资源去争取更大的成功，社会表现为通缩的状态。

8.4.3 成功的成本低，恶意失败的成本低

这是动荡、混乱的社会状态。这是冒险家的乐园，是乱世出英雄、出枭雄的土壤，对多数民众而言，未必是福。恶意失败的成本低，容易释放出人不讲道理的本性。

8.4.4 成功的成本高，恶意失败的成本低

社会表现为：升级的门槛高，或者严进、宽出，重准入、轻监管。而社会中仅有鲤鱼跃龙门式的升级，并非社会之福。如果恶意失败的低成本特征仅集中体现在少数拥有特权或者特殊资源的人群和阶层，如权贵阶层身上，而多数民众“三自”水平的提高甚至连维持都艰难，则社会可能发展为官逼民反的状态，社会将处于动荡、混乱之中。

第 9 章

人类社会的教育

人类的“三自”水平之所以能够远远高于地球上的其他动物，就在于在人类社会的发展过程中，人类发展所获得的知识和成果能够系统地、有组织地得以记录、积累、传承和发展。在这个过程中，人类社会远优于其他动物的教育体系和方法起着决定性作用。

9.1 教育的目的及投入与受益

9.1.1 教育的目的

人类社会通过有效的教育体系和方法，通过教授、传播人类社会发展所积累的知识和技能，以及人类对于未来的期望，使得受教育者对于可能触及的边界条件、逻辑关系、资源和社会动力方程运行过程，具有识别、认知、利用的能力。借助这些能力，受教育者通过自己的努力，即参与社会动力方程的运作，以适合于自身资源的投入和产出特点的、自以为有效率的、对社会有益的或者社会尚可接受的方式和路径，争取获得自己满意的或者可接受的“三自”水平。

教育要把社会中人的真实的本性和经过修饰、边界条件约束下的行为表象提供、展示给教育对象，以免其误将人在强边界条件约束下的行为表象错当成必然存在的、理所当然的结果，而掉入误判的坑中，受损、受害。

教育同时要将社会发展所期望的、合道的努力方向引导、提供给教育对象，以期社会的发展日趋有益于多数人提高“三自”水平，使教育可持续地存在和发展。

9.1.2 教育的投入与受益

人类教育过程的实施，需要时间和资源的投入。教育过程所需要投入的资源量通常远大于受教育者接受教育时自身所拥有的，能够支配、支付的资源量。教育过程实施的受益者不仅仅包括受教育者本身，受教育者的家庭、关系人以及社会、国家都会从受教育者所接受的教育中受益。所以，受教育者及其家庭、关系人和社会、国家都有责任和义务对受教育者的教育过程投入相应的资源，以促进、维持教育过程的有效实施。

9.2 教育的范围及内容

9.2.1 教育的范围

1. 人的个体环境

教育过程的实施，应使得受教育者具有关于自我个体生存状态的知识和对自我个体生存状态的认知能力，这些知识和能力包括对自我个体的类别、结构、生理、心理和能力的认知和感知，或者模拟的感知，即能够认识、触及或者虚拟触及自我生存个体环境的边界条件和逻辑关系，以及适当的行为能力的培养和培训。

2. 生活周边环境

教育过程的实施，应使得受教育者具有对自身活动所及的周围环境的认知，包括对家庭、日常生活所及的人群、环境结构、逻辑关系、可能的结果的认知和感知，以及适当的行为能力的培养和培训。

3. 自然环境

教育过程的实施，应使得受教育者有能力认知并运用自然环境的边界条件、逻辑关系和变化规律。

4. 社会环境

教育过程的实施，应使得受教育者有能力认知所处社会的边界条件、逻辑关系、资源、社会动力方程的运行方式和特点，并具有通过参与社会动力方程的运行而获得维持或者提高自己的“三自”水平的能力。

9.2.2 教育的内容

1. 边界条件

教育过程通过对过往的和现时的边界条件的讲解和分析，使得受教育者具备探知、接触、识别、寻找、分析、运用边界条件的知识和能力。

真实准确的边界条件，只有在事物的实际运作实践中，通过识别、排除虚假的、虚拟的干扰性因素，落实不确定的因素，才能够真正获得，而教育仅是提供了这方面的知识、能力和范例，即书本上的知识只有与实践活动相结合，才能够成为真正有用的知识。

2. 逻辑运行

通过教育过程的实施，使得受教育者具备在特定的边界条件下，认知、分析逻辑关系、逻辑运行结果的能力，具有一定的依据对边界条件的判断，选择逻辑运行方向和路径的能力，具有一定的推演逻辑运行结果的能力。

3. **资源**

通过教育过程的实施，使得受教育者能够认知、感知到资源的存在、作用和力量，了解资源流动的特性和规律，具有资源流动趋势的分析、判断能力，并期望受教育者在活动中能够具有寻找、使用、调配资源的能力，尤其是希望受教育者能够具有产生对社会有益的资源Ⅱ的能力。

4. **社会动力方程**

通过教育过程的实施，使受教育者能够了解、识别社会动力方程运行的结构、形式和规律，并能够在需要或者不得不参与的社会动力方程中寻找到适合自己的位置，并期望受教育者不断提升自己在社会动力方程运行过程中的位置，以达到提高自身“三自”水平的目的；尤其期望受教育者能够具有推动对社会有益的社会动力方程运行并使成果最大化的能力，不仅使得自己的“三自”水平获得显著的提高即成功，同时也使得尽量多的人的“三自”水平因此获得提高，即推动社会的进步和发展。

9.3 教育存在的一些问题

9.3.1 教育内容的问题

1. **边界条件能力教育与逻辑能力教育的不平衡**

过于重视逻辑能力的教育，轻视或者未认识到边界条件能力教育的重要性，致使教育体系产出的受教育者对边界条件的采集、改变、设置的能力低下；产出的受教育者，更善于运用自身的逻辑和效率能力，在别人提供、设定的边界条件环境下穿行，因而更为看重的是别人对自身活动的评价；产出的受教育者，多是仅善于依赖他人提供的资源、解答别人所设的题目、完成别人所设的任务要求的能手，少有善于自我发现问题、给自我出题、自我提出任务要求，自我寻找、建立资源，自我解题并达到任务目标的高手，少有善于给别人设定题目和任务要求，并组织、管理资源和众人等完成题目解锁、达到任务目标的高手。

在自然界和人类社会中，边界条件能力的重要度远远超过逻辑能力的重要度，因为边界条件决定着逻辑的运行方向和获得各种逻辑结果的概率。对于边界条件能力的培养，不仅要培养对边界条件的识别、采集、设置等的能力，还要培养敢于突破现实的、虚拟的边界条件制约的能力，以及保证这些突破在合法、合规、合道的运行中取得成果的能力。

2. 忽视资源的教育

教育过程不了解、忽视资源的教育，致使受教育者占有、支配、产生资源的能力低下，甚至给受教育者灌输不齿于资源的占有和支配的概念和文化。

资源是社会动力方程运行的基础，资源Ⅰ在社会动力方程的运行中占据着支配者的地位，资源Ⅱ决定着社会动力方程的运行方向和寿命。没有资源和资源支配能力的社会动力方程的参与者，只能寄希望于在社会动力方程的运行过程中，通过发挥自身的逻辑能力或者提高作业效率来获分成果。

3. 过于重视自然环境知识和规律的教育

过于重视自然环境知识和规律的教育，不重视其他生存所必需的环境如人文环境和关系的知识和规律的教育，致使受教育者生存和提高“三自”水平所需要的知识和能力不平衡，初入社会时，往往不懂人文、社会关系，待其经历时日提升了一些必要的认知后，可能已经错过了一些最佳的时间点和机会。

社会是人类最好的大学，每个人都生活、生存在人类社会，靠参与人类社会的活动来维持、提高自己的“三自”水平，就需要尽可能早地、逐渐地了解、认知社会动力方程运行的结构特点和规律，而不是要退出社会活动了、退休了，才发出一些对社会认知的感悟和感叹。

9.3.2 教育方法的问题

教育方法的特征之一是纠错式或称阻吓式教育的比例过高，教育者在教育过程中频繁地对受教育者实施纠错，以彰显教育活动和价值的存在。在教育的过程中，受教育者总是处在必须接受别人设定和提供的边界条件、逻辑关系和逻辑结果的状态之中，而基本没有自我寻找的空间、自由和能力的培养，受教育者一旦脱离了这个体系，则会感到茫然而不知所措。这种教育环境为仅善于纠错的人发挥才能提供了空间，甚至会形成以发现、纠正别人的差错为能事的文化。

好的教育方法应是顺势式教育。在教育的过程中，受教育者有足够的空间和自由寻找适合自己的边界条件、逻辑关系和资源，教育者则是顺势而为提供边界条件和逻辑关系的教育，因势利导、顺势促成。

9.4 苏东坡儿时利用资源的实例及启迪

苏东坡是我国历史上著名的在文学、书法、民生治理方面都拥有大才和成就的人物。

史料记载，12 岁的苏东坡在与一群孩童玩耍时，发现一块石头很特别。他观察了这块石头的质地特点，认为这块石头适合做一方砚台，就找到其父帮忙实现这个愿望。苏东坡的父亲很欣赏苏东坡有这个想法，就找了个石匠把这块石头做成了一方砚台，这方砚台一直伴随着苏东坡成长。

儿时的苏东坡发现这块石头（资源），想到依据资源的特点开发利用这个资源，并寻找、借助其他资源来实现自己愿望的行为，与其他孩童在对应时段的可能处置行为，在发生概率上的区别及机理解读，如表 9-1 所示。

表 9-1 儿时的苏东坡与其他孩童行为过程的内涵解读

序号	儿时的苏东坡做出的行为及行为过程的内涵解读	其他孩童可能做出同样行为的概率及内涵解读
1	在玩耍中，发现一块石头与其他石头不一样，有特别之处 即：发现事物存在差异，并引起兴趣	出现的概率可能不超过 50% 即：可能有超过 50% 的孩童会视而不见，未发现这块石头的特别之处
2	认为这块石头有趣并留下它 即：认为这个资源可能有用并留下它	出现的概率可能不超过 20% 即：也许有孩童注意到这块石头的有趣之处，但多数孩童可能在把玩之后即弃之，或者不知所终

续表

序号	儿时的苏东坡做出的行为及行为过程的内涵解读	其他孩童可能做出同样行为的概率及内涵解读
3	观察到了石头的质地特点，认为这块石头适合用来制作一方砚台 即：能够观察到资源的特点，想到要恰当地改变、利用这个资源，用这个资源做一件对己有用的器物，而不是需要用到器物时，就去拿现成的或者直接去购买	出现的概率可能不超过1% 即：有些孩童可能会有保存的行为，但并未发现石头的特点及可以开发利用之处，不知如何加以开发、为己所用，当需要器物时多是直接拿现成的或者去购买
4	让父亲提供帮助，将石头制作成自己想要的砚台 即：当认识到自己想要做的事情超出了自己的资源和能力范围时，想到了去寻找其他资源来协助自己实现目标	出现的概率不超过0.5% 即：一些孩童可能想到了要做些什么，但因超出了自己的资源和能力范围，遂将石头搁置或放弃，未能想到如何去寻找、调动、利用其他资源来协助自己实现目标
5	苏父并没有简单地认为这是一块没有多大开发价值的石头，并顺手递给苏东坡一方名砚，叮嘱他保管好、日后会升值的。这将抑制孩童对事物运行方向的判断能力、想象能力和日后大量产生资源Ⅱ的能力。相反，苏父认为苏东坡想要将自己发现的、认为有些特质的石头做成一方砚台，是一件很有意义的事情，遂找来石匠将这块石头做成一方砚台，这方砚台伴随苏东坡成长	出现的概率不超过0.1% 即：有些孩童可能在一些事情上也试图寻求其他资源帮助，孩童可能没有掌握有效的方法，不能有效地说动其他资源提供协助，更大的可能是，其他资源并未认识到协助孩童实现有意义的愿望的价值、重要性、时间点，以及助力孩童日后成长为大才的可能性；如果孩童多次求助而被忽视，可能会影响到孩童对事物运行方向的判断力和自信心，以及日后寻求帮助的意愿和能力

续表

序号	儿时的苏东坡做出的行为及行为过程的内涵解读	其他孩童可能做出同样行为的概率及内涵解读
5	即：所找到的资源，认识到需要协助、资助孩童实现有意义的愿望是件有意义、对孩童的成长有价值的事情，愿意提供资助、支撑，帮助他达成目标。目标的实现对苏东坡的成长意义重大，为苏东坡日后能够产生大量资源Ⅱ，成为大才、取得多方面成就奠定了基础	

以上实例和分析表明，在孩童成长为有社会成就的大才过程中，存在着社会助力其成长的因素，也存在着遏制其成长的因素，希望以上实例和分析，能给期望孩童日后成长为大才的人们提供启迪，提高孩童成长为大才的概率。

第10章

必然·或然·人然

10.1 必然、或然、人然的实验和现象[①]

10.1.1 必然实验

史蒂芬·霍金在《大设计》一书的第四章“可择历史”中，给出了一个足球过双缝的实验，如图 10-1 所示。在这个实验中，由射球准确的球员或者射球机器发射足球从缝隙墙的两道缝隙中穿过，并由缝隙墙后边的球网收集起来。通过观察这个实验得出以下结论：

①一道缝隙的关闭与否对通过另一道缝隙的足球的路径和数量没有影响。即如果我们关闭一道缝隙，相应的足球的流注就不再通过，但这对另一束流注没有影响。

②球网收集到的足球总数是通过每道缝隙的球数之和，不多，也不少。即在两道缝隙都打开时，我们观察到的是我们在墙上的每道缝隙分别打开时观察到的总和。

③通过缝隙的足球的路径和轨迹是确定的和可预测的。

以上实验现象和结论，在我们的日常生活中是习以为常的现实，也是在经典科学知识范畴内、在特别设定的边界条件环境内，能够精确预测和计算的必然结果。

① 史蒂芬·霍金、列纳德·蒙洛迪诺：《大设计》，吴忠超译，湖南科学技术出版社，2011。

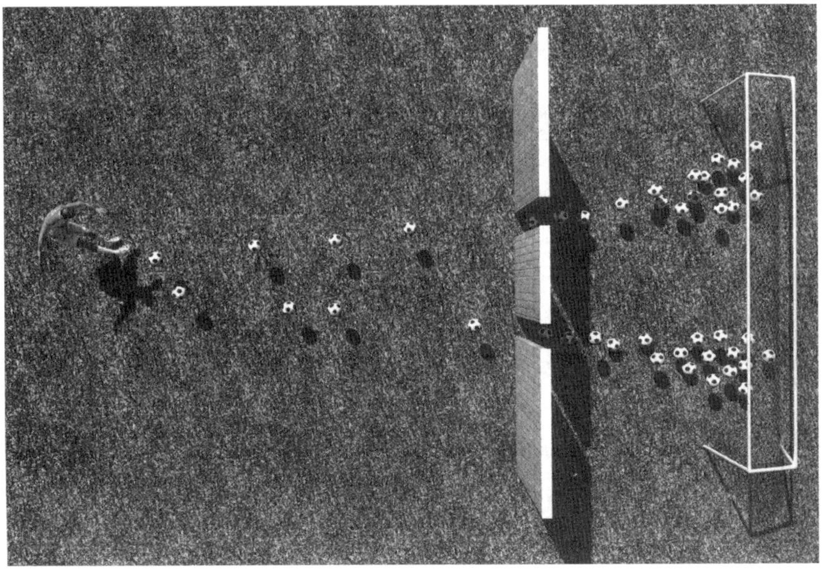

图 10-1　足球过双缝的实验

10.1.2　或然实验

同样是在《大设计》第四章中，当将射出的足球换成分子大小的巴基球（见图 10-2）或粒子（见图 10-3）时，通过观察缝隙墙后的屏幕，得出的结论则是：

①一道缝隙的开启与否，对通过另一道缝隙而到达屏幕的巴基球或粒子的路径和数量有影响，即打开第二道缝隙时，屏幕上的一些点处到达的分子数目的确增加了，但在其他处这个数目减少了。

②两道缝隙都开启时，粒子打到屏幕的模式不是每道缝隙分别打开时形成的模式之和，且形成干涉条纹。

图 10-2　巴基球过双缝的实验

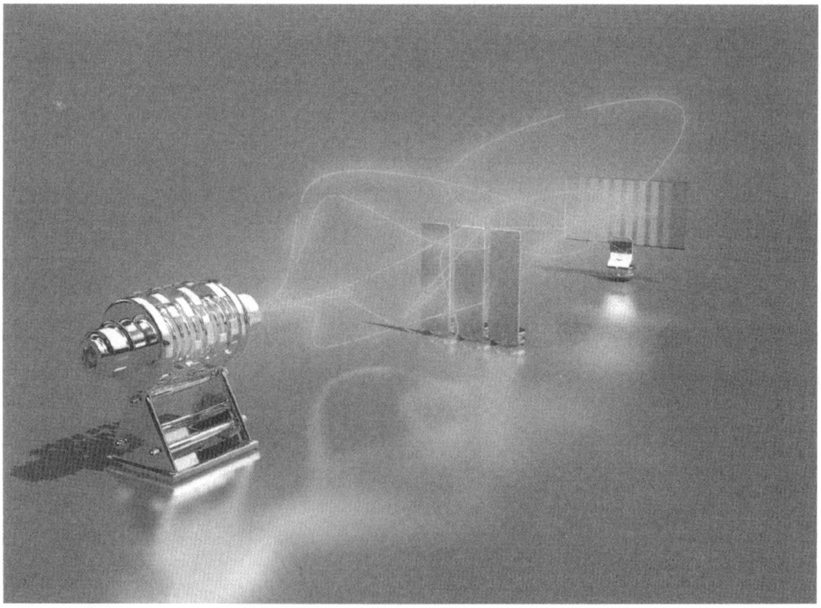

图 10-3　粒子过双缝的实验

根据量子模型，粒子从发射源到屏幕的路径和位置不可能被精确地确定，粒子有可能采用连接两点的每一条可能的路径。费恩曼断言，这就是量子物理有别于牛顿物理的缘由。

《大设计》一书中写道：根据量子物理，在系统给定的初始状态下……更确切地说，它允许有几个不同可能的结果，每一种结果具有确定的实现的可能性。量子物理引导我们去接受决定论的新形式，即给定系统在某一瞬间的态，自然定律确定各种将来和过去的概率，而非肯定地确定将来和过去。

依据量子理论，事物运行和发展的过程存在着各种可能的路径和结果，这些可能的路径和结果都对应有不同的被事物的运行和发展选中的概率，即事物运行存在选择各种路径及其结果的概率，即或然。

10.1.3 人然现象

我们设想一下，如果通过双缝隙墙的是人类社会的资源单元流，那么在人类社会我们有可能观察到如下现象：

①在一定边界条件下，一道缝隙的开启或者关闭，或一道缝隙通过的资源流的大小及其变化，对通过另一道缝隙的资源流的大小乃至方向都存在着影响，例如人类社会中有买涨不买跌的现象，即人类社会的资源流之间存在着相互干涉、影响的现象，人类社会的资源流具有量子理论的或然性。

②通过缝隙而到达收集处的资源总量可能等于，也可能小于，更有可能大于通过所有缝隙的资源流量之总和，因为人类可以为了自己的需要而产生资源Ⅱ，以增加最终获得的资源量。人类社会能够不断地进步发展、人类的“三自”水平能够不断地提高，原因正在于此。

③资源流通过的缝隙的形状乃至数量都有可能在资源的流动过

程中被人为地改变，即人类具有依据自己的需要而改变边界条件的意识和能力。

以上特征体现为人类社会事物运行和发展的路径和结果选择，以及存在各种可能性和概率变化的特征，即人然。

10.2 或然与必然

10.2.1 或然

依据量子理论，事物运行和发展的或然，是事物运行和变化过程中存在着选择各种方向、路径，产生各种结果的可能性概率，即任何事情都有发生的可能；依据自然定律、初始条件和所处边界条件的不同，事物运行选择各种可能的方向、路径和产生各种特定的结果的概率各不相同，各自被选中的概率有高有低。事物的初始条件、事物运行所处的边界条件决定着事物运行选择某种可能的路径和产生某种结果的概率，当事物运行所处的边界条件发生变化时，事物运行选择某一路径和产生某一特定结果的概率也将随之发生变化，有些结果获得的概率会提高，有些结果获得的概率会降低。

10.2.2 必然

事物运行的必然，是在特定的或者简化的边界条件下，事物运行的或然中，以公认的、稳定的高概率被选择的某一类结果。当边界条件发生变化时，事物运行必然发生的结果的高概率也将发生变化。

自然界事物的运行和变化皆在或然与必然之间，随着边界条件的变化，可能成为或然中的必然，也可能成为必然中的或然。

10.3 人　然

10.3.1　人然的概念

人类社会中事物的运行和发展过程，不仅存在着或然和必然，还存在着人类社会特有的人然。

人类社会的人然，是在人类社会中事物的运行和发展过程中，人们为了使事物的运行、变化和产生的结果朝有利于自身“三自”水平提高的方向发展，依据一定的边界条件，通过投入能够使用的资源，包括资源Ⅰ和资源Ⅱ，并付出努力，有意或者无意地使得事物运行的某些边界条件得以维持，或者改变某些边界条件，或者建立、设立一些新的边界条件，从而影响、改变事物运行和变化过程中选择某些路径、产生某些结果的概率，力争使得所期望结果的概率提高，力争使得可能产生不希望看到的结果的概率降低，即人们日常行为的趋利避害特征。

10.3.2　人然的特点及人然形成的要素

①人类社会中事物的运行和变化尽管存在着选择各种路径和产生各种结果的可能，但是也存在着自然定律和变化趋势、人的三个本性、顺应人类社会的“三自”水平发展趋势等这些边界条件和大道、大德，以及人们对于边界条件的认知和改变能力，即人然的能力和水平等因素，这决定着人类社会的事物运行选择各种路径和产生各种结果的过去的、现时的、将来的概率。

②由于存在自然定律和顺应人类社会“三自”水平发展趋势这些大道、大德的因素，因此尽管每个人的资源流动都存在着选择各种路径及产生各种结果的可能，但人类社会大规模的资源流动的路径和结果是有可能被高概率地预测和预期的。

③由于人具有为了自身利益而有意识地支配自己资源的权利和能力，因此人类社会资源的流动存在着被有意识地引导和集中的可能，即人类社会存在着政治引导资源流动的可能。

④人们为了改变事物运行选择某些路径、产生某些结果的发生概率而投入资源改变事物运行的边界条件的努力，只有顺应、符合自然生存、自然变化的定律、规律和趋势，符合多数人维持、提高自身“三自”水平的需求和愿望，其努力所获得的成果才可能是持久的、有效的、稳定的，即人的努力要顺道而为，即要和：天时、地利、人和。

⑤基于人类社会存在的人然和社会动力论，人们为提高“三自”水平的努力，只要是遵循自然定律和变化趋势、顺应人类社会多数人的“三自”水平发展趋势的大道，尽管过程中可能存在波折、错误、挫折，但只要努力推进，努力寻找、营造适宜的路径和边界条件，就会逐渐提高产生期望结果的概率，就能逐步趋近于现实预期要达到的目标。

⑥“量子力学的本质在于概率”，而概率存在的基础是不确定性的多样性的存在。人们经过多样性的探索、尝试、努力后，按人们“三自”水平的要求，依据趋利避害的生存、繁衍法则，通过投入一些资源包括资源Ⅰ和资源Ⅱ，来改变、设定、提供一些边界条件，并形成、产生新的资源，以提高有利的不确定性发生的概率，降低不利的不确定性发生的概率，将不确定的或然区域转变、发展成为对人的“三自”水平的维持、提高有利的、人然的高概率的、必然的区域。之后，人们又将向着新的、不确定的区域探索。

⑦人类对自然定律、自然规律的认知和了解的加深，人类社会

科学技术的进步，提升扩大了人类利用自然资源，改变、设置边界条件的目的性、有效性和能力范围，降低了行为实施的难度，能够更有效地趋近人们所希望的人然，同时能萌发对新的人然的期望。

⑧事物运行所产生的任何一个结果，未必是能够满足某一特定逻辑、道理要求，而认为是合理、满意的结果，因为现实社会中存在着各种各样的逻辑、道理的要求，但这个结果一定是在现有边界条件的作用下形成的自然的结果；人们为了使事物运行后续的结果趋近于符合某些逻辑、道理，就会人为地、有意地投入资源，持续地改变现有的边界条件、设置一些边界条件，使得事物运行尽可能依据新的边界条件环境产生结果，且这个结果趋近于某些逻辑、道理认为的合理、满意。只有合道、顺道的事物运行及其产生的结果，才是可持续的。

10.3.3 学好数理化，走遍天下都不怕

伽利略说：“大自然这部伟大的书，是用数学语言写成的。”数学描述的是宇宙、现实世界中，事物在各种初始条件、各种边界条件下，运行规律、获得各种可能的结果的概率；人类对数学规律、知识的探索、认知和描述，是人类对数学规律和知识的发现，人类用于探索、描述、解析数学规律和知识的数学工具，是人类的发明，人类发明利用的数学工具，在对客观世界运行的数学规律的发现、描述、探索、解析活动中，不断发展、不断丰富、迭代完善，这是一个逐步趋近、逐步精确的探索、发现、认知、应用过程，“科学就是无尽的前沿”。

物理学知识和工具是人类对现实世界的资源、边界条件的认知和应用，包括资源、边界条件的发现、相互作用、相互支撑、相互转换的知识和应用。

化学知识和工具是探索特定的边界条件下物质之间的相互作用、

相互转换、生成新物质的知识和应用，以及媒介催化的关键作用。

人类综合利用数理化知识和工具，开发、发展出能够促进人类社会“三自”水平快速提升的一些新技术，如信息技术。

人类社会对宇宙、自然界的探索、描述，通过努力实践而发明、获得的数理化知识和工具及衍生发展出的一些新技术工具，助力人类对宇宙、自然界乃至人类自身的运行规律、资源的存在及特性、边界条件的存在及相互之间的作用关系、相互转换的条件的认知和应用；人类发明的可验证、可重复使用、不断迭代完善、应用于特定的场景和边界条件的各类学科的，各种由输入函数、传递函数和输出函数组成的动力方程式工具，有利于人类社会更好地、更有效地、更高概率地实现人类期望的、能提高人类社会“三自”水平的人然。

学好数理化，走遍天下都不怕。

事在人为，凡事必有解。

致　　谢

《社会动力论（修订版）》的出版，要感谢广东经济出版社的支持，尤其要感谢广东经济出版社经济理论编辑室的大力支持和帮助，有容乃大。

感谢梁瑛女士在本书的文字处理、中国古典文学和典籍方面给予的帮助和支持。

感谢梁韫卿女士在英文和国际政经事例方面给予的帮助和支持。